图解

拳击技术与战术

（视频学习版）

[日] 宫田 博行 著

吕博涵 译

人民邮电出版社

北京

U0745711

图书在版编目（CIP）数据

图解拳击技术与战术：视频学习版 ／（日）宫田博
行著；吕博涵译. — 北京：人民邮电出版社，2020.9
ISBN 978-7-115-53781-2

Ⅰ. ①图… Ⅱ. ①宫… ②吕… Ⅲ. ①拳击—运动技
术—图解 Ⅳ. ①G886.119-64

中国版本图书馆CIP数据核字(2020)第059743号

版权声明

原书装订：上筋英弥（UP LINE）
原书摄像：鸟野裕（JAM PHOTOWORKS）天野宪仁（日本文艺社）
原书封面设计：安原贵行（META+MANIERA）
原书DTP设计：株式会社明昌堂
原书写作协助：藤田健儿
原书编辑协助：株式会社K-Writer's Club
其他事务协助：株式会社Winning
原书视频制作：株式会社Japan Laim Products

免责声明

内 容 提 要

　　本书由日本职业拳手宫田博行倾力写作，是作者对自己运动员生涯和多年执教经验的总结之作。作者不仅讲解了
拳击运动中常用的进攻与防守的基本姿势、拳法和步法，还拓展了包括利用离心力的摆拳、自下而上的勾拳、不同距
离的防守方法等多种攻防技术，同时针对更高级别的拳手，提供了大摆拳、钻头拳、近距离格斗的寸拳等多种高级拳
法，此外还对组合技、实战战术以及增强出拳力量和体能的日常训练方法进行了详细讲解。不论您是拳击选手、拳击
教练，还是对拳击感兴趣的运动爱好者，都能够从本书中受益。

◆ 著　　　　　[日] 宫田博行
　　译　　　　　吕博涵
　　责任编辑　　林振英
　　责任印制　　周昇亮
◆ 人民邮电出版社出版发行　　北京市丰台区成寿寺路11号
　　邮编　100164　电子邮件　315@ptpress.com.cn
　　网址　https://www.ptpress.com.cn
　　固安县铭成印刷有限公司印刷
◆ 开本：700×1000　1/16
　　印张：9.5　　　　　　　　　　　2020年9月第1版
　　字数：196千字　　　　　　　　　2024年10月河北第9次印刷
　　　　著作权合同登记号　图字：01-2019-4618 号

定价：68.00 元
读者服务热线：(010)81055296　印装质量热线：(010)81055316
反盗版热线：(010)81055315
广告经营许可证：京东市监广字 20170147 号

序言

"想更能打""想成为职业拳手""想成为全国冠军和世界冠军"——各位可能抱着各种各样的目标拿起本书。

但是，强大的选手都有一个共同点，那就是对自己有着清晰的自我认知。他们都怀揣着"我一定可以的"的坚定信念。如果不是这样，他们在比赛中是赢不了的。

但这并不是说只要相信"我一定可以的"就一定能够变强，而是说保持着这样的信念，就会知道自己现在应该做什么、如何度过每一天。如果能够一直抱着"我要成为世界冠军"的坚定信念，会比没有这种信念更有可能成为世界冠军。换言之，想要变得更强，需要的不是知道"我需要做什么"，而是"我要成为什么样的人"。

本书将介绍各种拳击的技术与练习方法。但是，并不是说将其全部掌握就可以变强。能够让你变强的，还是对自己的清晰的认识。本书所提供的，只是为了实现对自己的要求而打下基础的不断练习的方法。请坚信，"我能够做到这些，也一定能够变得更强"。

宫田 博行

收集从基础到专业的各种技术

本书的使用方法

反复阅读，在脑海中假想动作

本书由7章构成，从基本的出拳和防御方法，到佯攻、组合技以及职业拳手的高级技巧都进行了详细解读，结合每种技术的难易级别进行阅读，可以帮助你不断精进。

结合解说及建议，一点一点地进步吧！

清晰的页面结构

所属章节及本页标题
表示在这一页学习到的技术名称。

视频编号
表示该技术在视频中的编号。请参照视频讲解进行学习。

详细讲解
全面了解该技术的构成及特点，以及应在何种情况下使用、是否存在弱点等。

注意这样的错误
用图文并茂的方式解说不能犯的错误和容易犯的错误。

第1章 基础篇 来打一拳试试吧 ②

视频视频 01-03

第1章 基础篇 ● 学习基础的站姿、攻防和步法

左直拳

K.O. 对手的前奏，最重要的拳法

学习拳击最开始应该掌握的拳法就是左直拳。

左直拳是在与对手拉近距离时使用的最重要的拳法。通过组合不同的直拳，才能最终给予对手最终的K.O.一击。首先是可以通过击中对手，像雷达一样探测对手的位置和距离。同时，如同传感器一样，

通过一边打出左直拳，我们可以一边观察对手的反应，寻找进攻的时机。最后，左直拳也可以如同屏障一样，使我们保持与对手之间的距离。左直拳是最具有美感与战略性的拳法。

练习时，最重要的是速度与准确度，要掌握打出有效的左直拳的方法。

注意错误的出拳 **一直保持握紧拳头**
要在击中对手的瞬间握紧拳头。如果一直紧握拳头，就会因为过于用力导致收返速太慢。收回的时候也要保持放松，以保证快速收回。

检查！ **拳头向上飘**
如果底部不用力，打出去的拳头就会向上飘。要把重心收到前面，并且像拳"坐在"双腿上一样发力。

击向对手面部的左直拳

1 击向对手面部的左直拳可以从基本拍架姿势直接打出。首先微微收下巴，打住对手的面部。

2 一边将重心前移，一边寻找时机。不用放度就要出拳的架势，想象如何在最短的距离打出快一瞬间打出。

3 向着目标笔直地打出拳头。面向镜子练习时，可以着打向镜中自己的右脸。

4 沿着打出的轨迹快速地收回拳头进行收回，或者为了下一次攻击进入基本拍架的站姿。

16 / 17

用连拍照片进行讲解
将动作以连拍照片的形式进行分解。对重心的移动、连贯的动作方式进行详细讲解。

检查！
介绍掌握这项技术后的注意事项。

视频使用说明

视频包括作者的语音讲解，请反复观看将其内化为自己的技术

视频中会有世界一流选手进行演练示范，希望你可以体验到职业选手才有的速度感和压迫感。此外，我们从多个角度对动作进行拍摄，你可以轻松了解每一个技术的全貌。将视频与书结合观看和阅读，便可以进行多维度的学习。请反复观看，以进行透彻的学习。

通过视频学习专业的技术

本书提供了50段拳击教学视频，读者可以通过以下步骤进行观看。值得注意的是，视频中针对比较快的技术动作做了慢速播放的处理，以更好地展示动作细节。

步骤1　打开微信"扫一扫"（图1）。

步骤2　扫描动作练习页面上的二维码。

步骤3　如果您尚未关注微信公众号"人邮体育"，扫描后会出现"人邮体育"的二维码。请根据说明关注"人邮体育"，并在关注后点击"资源详情"（图2），即可进入动作视频观看页面（图3）。如果您已关注微信公众号"人邮体育"，扫描后可直接进入动作视频观看页面。

图1

图2

图3

目录

第6章 ● 训练篇 ·· 113

第7章 ● 基础知识篇 ·· 135

基础篇

Basic Technique

学习基础的站姿、攻防和步法

可以说随着拳击学习的不断深入，会逐渐发现其本质是出拳之外的技术的对决，例如预测对手的动作后躲开对手的出拳，再打出一记扎实的反击。顶尖拳手的所有动作都可以说是如同艺术一样的存在。那种艺术美感，也全部是通过先掌握基础的站姿，再掌握攻击与防御的基础技术之后不断练习形成的。

在这一章，我们将讲解拳击中必要的抱架、出拳、步法以及防御等基本动作。

来打一拳试试吧

● 先来掌握最基础的攻击方式：二连击

无论是练习出拳还是躲闪，都要从基本站姿开始。掌握正确的站姿后，最常用的出拳——"左直拳"，再加上具有破坏力的"右直拳"就是二连击了。

基本抱架方法 ▶ P12　　　**左直拳** ▶ P16　　　**右直拳** ▶ P20

基本抱架即为拳击的基础。请扎实掌握双手双脚的位置以及重心位置。

重点是速度与准确度。为了打出最短的距离，要学习如何移动重心并出拳。

如果要给予对手重创，则需要带动自己全身的力量进行出拳。要有意识地扭腰并使用下半身的力量来进行练习。

步法

● 组合步法与出拳

将步法与出拳组合起来才能够叫作拳击。如果没有正确的步法，则只能被对手戏弄，白白消耗体力。完美地组合步法与出拳，才能够避免没有效果的攻击。

前滑步 ▶ P26

移动重心向前的前滑步，是冲进对手内围进行有效击打的基本技术。

侧滑步 ▶ P28

横向移动的侧滑步不仅可以突破对手的防守死角进行攻击，也是躲避对手的出拳的必要技术。

后滑步 ▶ P29

后滑步用于躲避对手出拳或拉开与对手的距离。

环绕步 ▶ P30

环绕步就像是以对手为圆心画圆，向左、向右两个方向都要能够运动自如。

防守技术

● 通过对练，掌握扎实的防守技术

实战对手不是沙袋，如果不能顺利躲过对手的攻击，就很难赢得比赛。

通过对练，掌握在各种情况下进行防御的技术。

防御 ▶ P34

用肩、肘和拳套直接接下攻击即为防御。需要注意练习，防御时视线不能离开对手。

拍挡 ▶ P36

把对手的出拳用手掌拍开是比赛中常用的防御手段。最开始练习时要掌握如何将对方的攻击拍下。

下潜与迂回
▶ P38

屈膝低头即为下潜，在此基础上再加上左右移动即为迂回。请将其作为复合技术掌握。

头部躲闪 ▶ P40

头部躲闪是通过微移头部以躲过直拳的技术。要记住迎拳移动，克服躲避心理。

基本抱架方法

正确的抱架是攻击、防御以及所有动作的起点

拳击的所有动作都是从抱架的姿势展开的。在整场比赛中，如果想随时做出有效的技术动作，保持正确的基本抱架姿势是非常重要的。无论是有力的出拳，还是防止受伤的防御，都是从正确的抱架姿势开始的。

正架

本书中全部使用正架为基本抱架进行后续解说。

1 左脚作为前脚，向前微迈一步。两脚与肩同宽。

2 重心倾向前脚站立。

反架

反架时，手脚的位置与正架相反，右手右脚在前。重心放在右脚。

检查！ 前手与前脚应在同一直线上

前手（正架即为左手）过于往外或者往里都容易露出破绽。前手应时刻保持与前脚在同一直线上，后手也应与前手保持平行。

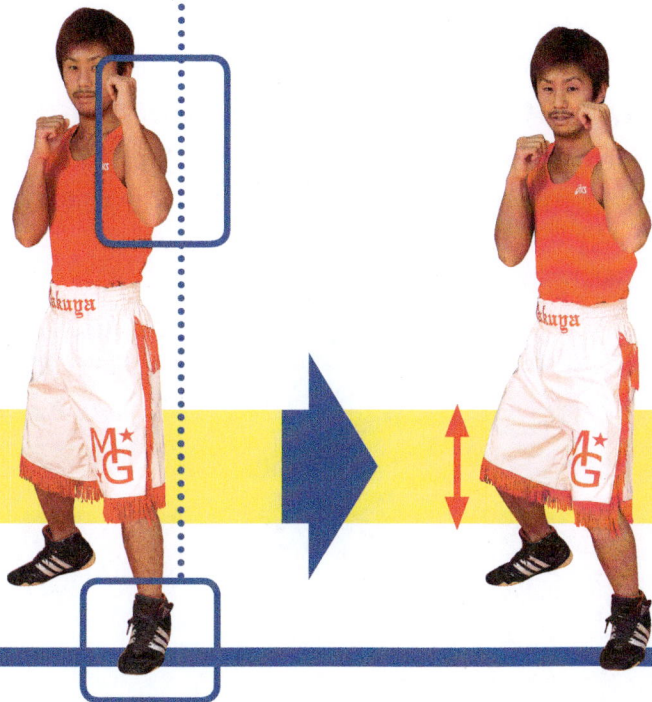

3 右拳置于下巴旁边，并用右手肘护住肋部。左臂呈90°弯曲。

4 膝盖不要伸直，保持微屈，以便随时可以踏出步伐。膝盖弯曲程度保持在可以原地跳起的程度即可。

注意这样的错误

露出肋部会使防御松懈

露出肋部会使防御变得松懈，从而使对手更容易进行攻击，同时自身出拳也将变得困难。所以，一定要记得护住肋部。

不要伸直膝盖、站直身体

保持膝盖伸直的状态站立的话，难以迅速做出移动，所以应时刻保持膝盖微屈。

拳头的握法

拇指在外，放在其他4根手指之上，防止折断

同基本抱架方法一样，拳头的握法也是拳击的基础。如果不保持正确的握法，不仅拳头的攻击威力会下降，还会让自己受伤。所以，一定要正确掌握拳头的握法。基本的握法就是除拇指外的4指自然握起，然后将拇指放在4指之上，防止手指意外折断。拳头前面的部分称为拳面，用这里准确击中对方的要害，即可对对方造成伤害。此外，平时拳头可以保持放松的轻握状态，在即将击中的瞬间再握紧即可。

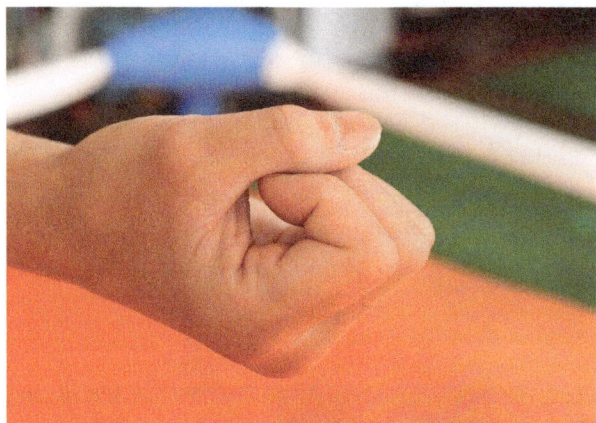

拳头中间留出约一指的空隙

在抱架防御的时候，轻轻握拳即可。拳头中间留出约一指的空隙。

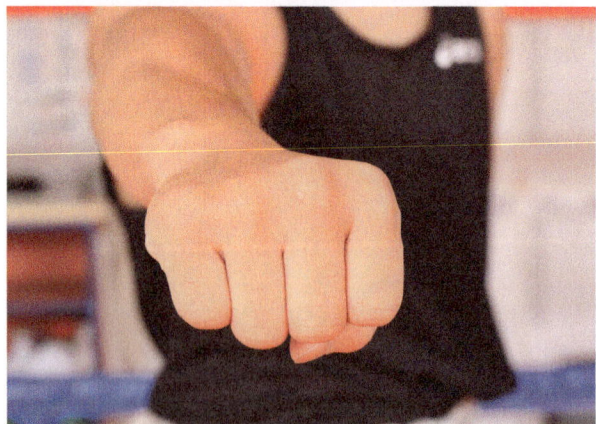

保持拳面平整

手指的第二关节到手背之间的部分称为拳面，用这里击打对手可以有效地造成伤害。请保持拳面平整。

在基本抱架的状态下将拳轻握，保持放松的、可以随时出拳的状态。

出拳时，将手臂笔直打出，拳面面向对手。在即将击中对手的瞬间握紧拳头。

注意这样的错误

拳面不平整

拳面如果不平整，不仅出拳的威力会降低，也会增加受伤的风险。

一直保持紧握拳头

在即将击中对手的瞬间握紧拳头即可。如果在抱架时就一直握紧拳头，很可能会因为过于用力导致动作迟钝，这样不仅没有将力气都用在对手身上，反而还会因为紧握而让自己的双手疼痛。

扫码看视频
01-03

左直拳

K.O.对手的前奏，最重要的拳法

学习拳击最开始应该掌握的拳法就是左直拳。

左直拳是在与对手拉近距离时使用的最重要的拳法。通过组合不同的直拳，才能最终给予对手最终的K.O.一击。

左直拳有各种各样的使用方法。首先是可以通过击中对手，像雷达一样探查对手的位置和距离。同时，如同传感器一样，

击向对手面部的左直拳

1 击向对手面部的左直拳可以从基本抱架姿势直接打出。首先微收下巴，盯住对手的面部。

2 一边将重心前移，一边寻找时机。不用故意摆出要出拳的架势，想象如何在最短的距离打出这一拳即可。

通过一边打出左直拳，我们可以一边观察对手的反应，寻找进攻的时机。最后，左直拳也可以如同屏障一样，使我们保持与对手之间的距离。左直拳是最具有美感与战略性的拳法。

练习时，最重要的是速度与准确度，要掌握打出有效的左直拳的方法。

注意这样的错误

一直保持握紧拳头

要在击中对手的瞬间握紧拳头。如果一直握紧拳头，就会因为过于用力导致速度太慢。收回的时候也要保持放松，以保证快速收回。

检查!

拳头向上飘

如果腹部不用力，打出去的拳头就会向上飘。要把重心放到前面，调整身体，使腹部参与发力。

3
向着目标笔直地打出拳头。面向镜子练习时，可以试着打向镜中自己的右眼。

4
沿着打出的轨迹快速地收回拳头进行防御，或者为了下一次攻击进入基本抱架的站姿。

转动左肩打拳

在降低重心的同时转动左肩，下潜到对手的防守之下再攻击，威力会大大提升。

击向对手身体的左直拳

| **1** | 一边寻找对手不能预判的时机，一边准备从基本抱架姿势进入出拳动作。 | **2** | 一边踏出左脚，一边将重心下沉。从对手的防守中寻找空隙，击打对手的身体。拳与肩同高。 |

左直拳的 要点

分别击打对手的面部和身体

如果只击打对手的面部，就会使对手容易猜到你的行动。在其中穿插击打身体的直拳，不断变换攻击的位置，就会使你的攻击变得更难防御。

3
因为进入了对手的攻击范围，所以也容易被反击。注意右手的防御一定不要松懈。

4
攻击后，左脚马上猛蹬地面，撤回身体。

提高

使对手节奏混乱的闪击刺拳

相比一般左直拳从基本抱架出招，闪击刺拳为在放下左手防御的状态下出招。由于放下了左手的防御，因此进攻的轨迹与一般的左直拳不同，更容易打乱对手的节奏。

将拳头90°旋转

将手腕顺时针做90°旋转，一边旋转一边出拳。用旋转的拳面击打对手可以更有效地造成伤害。

19

扫码看视频
01-04

右直拳

一边从旋转脚移动重心一边打出右直拳

右直拳是可以一击将对手K.O.的充满威力的拳法。虽然与左直拳是同样的轨迹，但是相比于左直拳主要负责与对手保持距离进行防御，右直拳主要负责攻击。右直拳重要的是要能够给予对手伤害，因此转动腰部，利用全身的力量进行进攻就变得十分重要。请努力学习如何运用下肢的力量打出有威力的拳击。

🥊 **击向对手面部的右直拳**

检查! **右脚用大踇趾支撑，向身体内侧旋转**

以右脚的大踇趾为轴，将右膝向身体内侧旋转，转动腰部。

1 从基本抱架姿势出发，以右脚为轴，将腰部向左旋转，使重心转移至左腿。

2 随着腰部的转动，上半身向左旋转，同时打出右手。这时肩膀向水平方向移动。

右直拳的 要点

通过转腰打出有力的一拳

如果只靠手臂发力，则速度与力量都会不够，一定要学会转腰。

通过旋转腰部打出的右直拳，威力会大增。

3 随着腰部转动的惯性，将带着自身重量的一拳打向对手。

4 击中后，随着腰部的回转马上收回手臂，回到防御的姿势。

21

检查! 通过弯腰降低自身肩膀的位置

如果拳头打向自身肩膀以下的位置，威力会大大地降低。打向对手身体的拳头要通过弯腰笔直地打出。

击向对手身体的右直拳

1 一边寻找对手不能预判的时机，一边准备从基本抱架姿势进入出拳动作。

2 相比击打对手面部的右直拳，弯腰到对手难以防御的角度进行击打会更加有效。

注意这样的错误

左手的防御掉下来了

由于右直拳要冲进对手的防御范围内进行攻击，因此也容易被反击。这时左手的防御一定不能松懈，肘部也要紧贴肋部。

单纯用手击打

单纯用手进行击打会没有威力，应通过腰的旋转、上半身的弯曲以及身体的运动，带动全身的力量进行攻击。

检查! ## 攻击对手的心口处

从来没有因为被打到久经锻炼的腹肌而倒下的拳手。进行反击时也是一样，攻击对手身体时要记得击其心口处。

---

3 在腰部回转以及上半身弯曲的同时打出右拳，要有意识地移动重心。

4 击中对手后马上撤回拳头，还原基本姿势进行防御。

右直拳的 要点

🥊 保持膝盖的弯曲

踏入对手的攻击范围时，为了在撤回时能够通过猛蹬地面迅速后撤，保持膝盖弯曲十分重要，这样随时可以瞬间发力。

🥊 从无动作状态出击

为了不让对手知道我们要打左拳还是右拳，要记得从无动作状态出击。不可以为了蓄力而向后拉出手臂。

×

23

左右连击

用腰的转动来联动左直拳和右直拳

左直拳后接右直拳，连续击打对手的左右连击是连续技中最基本的技术。左右连击想要有效，最重要的是速度，左直拳撤回的同时要打出右直拳，并有意识地用腰的旋转给拳击增加威力。由于左右连击在比赛中非常常用，因此与其将其看作是组合技，倒不如将它作为一项基本的技术扎实地进行练习。

打向对手面部的左右连击

1 从基本抱架出发，重心向前，腰部向右旋转。

2 顺着腰部转动的惯性，向对手打出左直拳。

3 收回左臂的同时向对手打出右直拳。要有意识地利用腰和肩部转动带来的惯性。

4 打出右直拳时，重心放在右脚脚趾上，同时右膝向内弯曲。

左右连击的 要点

上下出拳以扰乱对手

左右连击兼具了左直拳的速度与右直拳的力量。活用这种技术分别击打对手的面部和身体的话，会使对手难以预判，从而使其节奏紊乱。如果想顺利完成上下出拳的动作，要灵活地掌握用膝盖弯曲来带动全身的方法。

左直拳

右直拳

左直拳击腹

右直拳击腹

提高　试着使用沙袋练习吧

以直角击中对手时，攻击能发挥最大的威力。这是因为以直角击打时，使用的肌肉是最常使用和最有力量的。使用沙袋练习时，以直角击打沙袋是对肌肉必不可少的练习。

将沙袋竖着，一分为二，左直拳击打左侧，右直拳击打右侧。

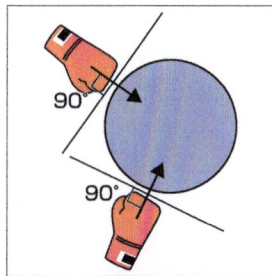

向圆心击打的话，会自然地以直角击中沙袋。

扫码看视频
01-06

基础步法（前滑步）

用滑步迅速缩短与对手之间的距离

只有拳头有力是赢不了比赛的。与拳头同样重要，甚至更加重要的是腿部的动作，即步法。

步法能够让选手获得更有利的攻击对手的位置，并且移动到能够躲避对手攻击的位置。步法是攻击和防御两方面都必须掌握的重要技术。

前滑步（从正面看）

1

从基本抱架开始，后脚（右脚）像向后蹬，将重心转移至前脚（左脚）。

2

像"划水"一样在地面上滑动。注意，不是上下抬脚，而是平行移动。

前滑步（从侧面看）

1

步幅约与肩同宽。

2

要保持步幅始终一致。

希望大家可以意识到，在拳台上要做出圆滑、柔顺的动作。举例来说，就像是在"划水"一样的动作——向前前进时出前脚，向后后退时出后脚，步幅大约与肩同宽，这些是步法的基础动作。

提高　习惯后可以两脚同时移动

像是在轻轻跳动一样，前后脚可同时移动。保持"在水上划动"和"在水上跳动"两者之间的感觉。

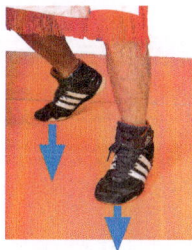

3

与前脚步幅相同，将蹬出的后脚收到前面。

3

后脚收回时也要注意不要抬脚。

注意这样的错误

用脚后跟着地

要保持重心在前脚掌，用脚后跟着地会使重心下沉，导致动作迟钝。

往上跳

移动距离变大时容易大步往上跳。为了保持良好的防御姿势，两腿分开距离不要过大或者腾空太久。

侧滑步和后滑步

掌握前后左右自如地移动身体的方法

左右蹬出脚进行横向移动即为侧滑步，侧滑步对攻击和防御都极为有用。特别是在进攻时，侧滑步能够一步踏出对手的视线之外，错开对手的防守。侧滑步需要注意速

侧滑步

向右移动时动作相反。

1
向左移动时，蹬出右脚，同时左脚向左移动。右脚脚趾用力，向正右方蹬出。

2
左脚着地的同时右脚跟上。步幅与肩同宽，注意步幅不要太大。

3
视线不要离开对手，腰部尽量不要上下移动，进行平滑的移动以保持身体平衡。

度和平衡感。前脚向前蹬出，后脚退后一步即为后滑步，主要用于躲开对手的拳击或者拉开距离。这个技术的基本动作就是前脚向前蹬出，同时后脚后撤。

同前滑步一样，移动时要有意识地进行平滑的运动，绝对不能为了躲过对手的拳头而向后仰头抬起下巴，要一直盯住对手，平稳地移动。

后滑步

1

从基本抱架开始，前脚（左脚）向前蹬出一步，后脚（右脚）退后一步。

2

步幅与肩同宽，脚底尽量不要离开地面。尽量不要跳跃，而是像在地面上滑行一样。

3

后脚着地的同时撤回前脚。注意重心保持在前脚，如果重心移到后脚则会导致难以进行后续的移动。

29

扫码看视频
01-08

环绕步

在对手周围进行快速的移动，以扰乱对手

　　虽然在对手周围像绕圈一样进行移动是取得有利进攻位置和躲开对手攻击的有效方法，但是很多专业选手也没有灵活掌握这项技术。如果能够熟练地掌握这项技术，就可以快速接近或远离对手，这项技术也就可以成为你有力的进击武器。

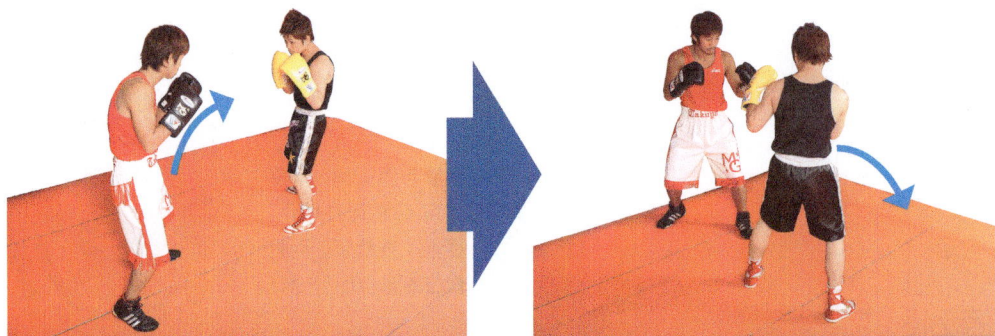

1 从基本抱架开始，向左移动时踏出左脚，向右移动时踏出右脚。

2 在面向对手时，要时刻保持抱架防御姿势。

3 双脚不要交叉。双脚交叉会很容易失去平衡，从而绊倒自己。

4 如果一直朝同一方向移动，会使对手非常容易判断你的行动。也要注意，不要在移动中远离或靠近对手。

30

环绕步的 要点

向左还是向右？

防御的时候要向对手出拳的反方向移动。推荐结合对手的出拳习惯进行移动。环绕步时，为使对手难以预判移动方向，无论向哪一个方向进行移动都要保持同样的抱架姿势。

自己与对手都是正架的场合

为了躲开右直拳，主要向（对手的）左侧移动

自己是正架，对手是反架的场合

为了躲开左直拳（重拳），主要向（对手的）右侧移动

扫码看视频 01-09

步法与攻防技术结合

强化自身的攻击，弱化对手的攻击

光是掌握步法或者光是掌握拳法都不能称得上是拳击，两者结合在一起才是。为了更有效地进行进攻和防御，要将步法与出拳的技术相结合，并将这一点记在心中进行练习。

🥊 前滑步接出拳

前滑步➡左直拳

出拳时，左手与左脚要同时向前。如果左手与左脚的动作时机错开，则会使对手容易预判。

前滑步➡右直拳

踏出左脚的同时打出右拳。注意要大力蹬出右脚，快速转腰且上半身不要乱动。

后滑步接防御

1 蹬出左脚的同时右脚后撤。

2 为了可以马上接住对手的攻击，要注意保持抱架姿势。

提高 旋回防御

旋回即为以前脚（左脚）为轴，通过后脚（右脚）的前后回旋改变身体朝向，这样可以在不改变与对手之间的距离的同时躲过对手的攻击。同时，通过瞬间改变朝向也比较容易攻击对手的侧面。

扫码看视频
01-10

防御

用自己的手臂防住对手的攻击的基本防守技术

　　将对手的攻击用手肘、手臂或者拳套接住就是防御。防御可以防止身体直接受到攻击，从而减轻伤害。这是防守最重要的技术，要认真学习。注意在防御时，视线不要离开对手。

🔴 防御打向头部的攻击

练习从左右两侧受到攻击的情况
实战中，对手当然会从左右两侧发起进攻。要充分进行练习，使对手无论从哪侧发起进攻都能应对自如。

1 对手的左拳用右手格挡，对手的右拳用左手格挡。可以利用转腰来改变手臂的位置。

2 练习仅移动手肘进行防御时，拳头要放在靠近面颊的位置。

防御打向身体的攻击

检查! **将手肘向前伸**

人体相对比较坚硬的地方就是手肘。不要过于抬高手肘，而应向前伸以进行防御。

1 通过腰部及膝盖的动作调整防御的位置，来应付打向身体的攻击。

2 被击中的瞬间用手臂或者手肘接住攻击，从而护住要害部位。

注意这样的错误

打开肋部

要好好护住肋部，不要放松对肋部的防御。如果手臂离身体太远就会起不到防御的作用。

手紧贴着面部

如果手紧贴着面部，就会使对手的攻击带来的震动通过手臂传导至脑部。防御时手与脸部要保持一定的距离。

拍挡

将对手的攻击用手掌拍开

　　拍挡即将对手的攻击用手掌拍开，是比赛中常用的防御方法，主要用于对付对手的直拳，通过改变其攻击轨迹以形成防守。严格来说，将对手的攻击向上拍开也是拍挡，但是这需要极高的技巧，所以我们在这里主要学习向下进行拍挡的技术。这个技术动作的诀窍是快速有力地展开小臂。

拍挡打向头部的攻击

1 拍挡的作用在于改变对手的攻击轨迹，要在恰当的时机进行应对。

2 要以快速有力的动作拍落对手的拳头。应利用小臂进行动作。

检查！ 轻轻击落对手的攻击
　　对手的左拳用右手进行拍挡，右拳用左手进行拍挡。掌心向下击落对手的攻击。

拍挡的 要点

将对手的拳头举到头顶以错开对手的攻击

进行拍挡时，像是要将对手的拳头举到自己的头顶一样伸出手，如此即可与对手的攻击错开，使其更难以击中自己。

拍挡打向身体的攻击

1 打向身体的攻击要以向下击落的方式进行拍挡。

2 拍挡后，如果防御松懈容易被对手反击，因此要马上回到基本抱架姿势。

提高

通过对练来磨炼技术

防守技术是不能独自练习的。通过不会真的被击中的对练，可以掌握与对手之间的距离感以及防御的时机等。

左右直拳以外的攻击的处理方法

除了经常用于防御直拳的进攻外，拍挡对勾拳也十分有效，右图为拍挡勾拳。

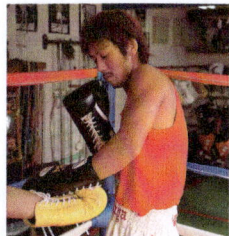

下潜与迂回

组合横纵向的移动，躲开对手的拳头

下潜

1 保持膝盖弯曲，寻找时机。在对手出拳的瞬间将重心转移至双腿，弯曲双膝并弯腰。

2 弯曲膝盖时上半身的抱架不能变化，同时视线不能离开对手。

迂回

1 弯曲膝盖和弯腰的动作与下潜是一样的。

2 保持屈膝的同时，对于对手的左拳向右摆头，对于对手的右拳向左摆头，从而躲开对手的拳头。

利用屈膝与低头进行纵向躲避的动作叫作下潜，在弯曲膝盖的同时左右移动以进行横向躲避的动作叫作迂回。近年来，相比缺少连贯性的单独利用下潜进行的回避

防御，利用迂回进行的复合防御技术逐渐流行起来。无论是哪种技术，都需要弯曲膝盖来进行动作。

3 弯曲膝盖的程度为躲过对手拳头的程度。但弯曲过多会使下一个动作难以做出。

4 躲过对手的拳头后马上返回基本抱架姿势。

3 即使是在膝盖弯曲的状态下，为了能够看到对手的动作也要抬头向上看，同时在头部画U字。

4 左右的晃动能使对手难以预判动作。注意动作要保持短促有力，能够一边躲闪一边出拳更佳。

头部躲闪

通过横向移动身体来躲过拳头

头部躲闪是针对打向面部的直拳，是通过移动头部的位置进行躲闪的技术。由于不影响站姿，因此便于连续进行反击，诀窍是好像故意把头撞到对手拳头上一样躲过攻击。如果躲开对手的拳头反而会使对手变更进攻的轨迹，那就更容易被打到。

向右的头部躲闪

将重心放在右脚，变换头部的位置，尽量小幅度地进行动作。在基本抱架的姿势下，右脚为后脚，因此注意不要影响基本抱架的站姿，躲开拳头后要马上返回基本抱架。

注意这样的错误

只有上半身动作

头部躲闪的好处在于，可以在不影响身体的防御姿态的同时躲过对手的攻击。要在运动膝盖的同时移动上下身。

向左的头部躲闪

向左移动时将重心放在左脚，主要是
对对手的右直拳有效。身体姿势与对
手之间的位置会影响左右移动，因此
瞬间的判断非常重要。要保持膝盖微
屈，以便能够随时进行左右移动。

提高 减少伤害的"闪开"

在对手拳头即将击中的瞬间转开脸，这种通过转动减少伤
害的防御技术叫作"闪开"。其时机是非常难掌握的，需要
有高超的技术。

选手的强大之处其实看看他是怎么运动的就大概能明白了。最开始见到内藤的时候，感觉他和一般人没什么不同，但是我能感觉到他的运动细胞和反应速度特别好。

实际上，虽然他之后获得了新人王的头衔，并且进入了日本的拳击手排名，但他在刚开始时并不是什么出类拔萃的人，比他更有才华的人有很多。

但是，为什么成为世界冠军的是内藤，他跟其他人相比有什么不同吗？

第一，他有着其他选手不可比拟的努力。内藤非常认真。例如，因为感冒不能练习的时候，他一定会说："那就让我在一边看着也行。"总之，他一定会坚持来拳馆。即使和朋友们出去娱乐，也一定会在不影响第二天晨练的时间前回家。这种对待拳击的认真态度是造不了假的。

宫田会长评
内藤选手
走向世界的道路①

努力、自我认知和"贪欲"，造就了内藤的成功

第二，内藤有个口头禅是"请发现我的长处"。比如实战演练的时候，大多数的拳手会问："我有哪里不足？"但是内藤会说："请不要责备我，多鼓励鼓励我吧。"

也就是说，内藤的自我认知非常好，他一直有着"我一定能行"的信念。

第三就是他绝对不会拒绝我说的话。获得新人王的头衔并进入日本排名的选手全都有挑战世界舞台的机会，我们拳馆也有很多这样的选手。

但是，当我说"这是个机会，去吧！"的时候，大多数人会说："啊？我还没准备好。"

但是，等准备好时就太迟了。机会不会等你准备好了再来，必须要学会抓住时机。

只有内藤，在我说"这是个机会"时马上回答"好的"。他十分懂得抓住机遇，这也是他的"贪欲"的体现。

拳击小专栏

第 2 章

应用篇

Applied Technique

拓展攻防技术的种类

在掌握了基本的拳法、步法与防守技术后，接下来我们来学习多种多样的攻防技术。除了左右直拳，还有利用离心力的摆拳、自下而上的勾拳等，这些技术可以使你的攻击难以被对手预判。防御也是一样，根据你与对手之间的位置、距离、对手攻击的种类等，学习使用各种各样的技巧进行防御。

请一定要记得，攻击与防御是一体的。

拳法的扩展

● 通过与左右直拳组合，使攻击拳法变得丰富多彩！

通过旋转身体打出的摆拳以及自下而上打出的勾拳，都是具有破坏力的拳法。在这一章中，不仅要掌握这两种技术，更要掌握如何利用全身的力量使自己的拳头更加具有杀伤力。

左摆拳 ▶ P46

右摆拳 ▶ P48

左勾拳 ▶ P50

右勾拳 ▶ P52

由于是在离对手较近的距离下打出，因此比较容易命中。肩部要以身体的中心（腰部）带动全身进行水平转动。

右摆拳由于距离对手较远，轨迹也比较长，因此破坏力也相对更强。因为右摆拳具有一击K.O.的威力，所以请认真学习掌握。

左勾拳从下向上打出，因此对手难以预判。学习利用弯曲的膝盖进行发力。

相比左勾拳，转动更大的右勾拳破坏力也更强。请掌握在实战中使用它的诀窍。

防守技术的扩展

● 学习能够避免受伤的攻防一体的技术吧！

在这一部分掌握利用肩、臂、肘、掌心等各个部位进行防御的技术吧。

要注意一边防守对手的进攻，一边快速转换到进行反击的姿势。

后仰躲闪 ▶ P54

通过后仰躲开对手拳头的防御方法，对大部分的进攻都有效。

接拳 ▶ P55

将对手的拳头用手掌停住的方法。适合在意外的攻击或站姿即将无法保持时使用。

拨开 ▶ P56

将对手伸出的手臂打落。对手的手臂被打落后无法保持抱架，适合持续进行攻击。

抬肘防御 ▶ P57

利用肘部变更对手出拳的轨迹，这是一种高等技术，多用于近距离对战中。

手肘防御 ▶ P58

肘部向外，防住对手的出拳。由于肘部是相对比较坚硬的地方，所以甚至还可以给对手造成伤害。

肩部防御 ▶ P59

在拳头袭来的一瞬间，抬肩以守住要害部位，即下巴。要注意防御的时机和技术。

左摆拳

利用身体的旋转打出的强力拳击

　　摆拳是保持肘部弯曲的状态下，通过身体的旋转打出的拳击。通过身体旋转增加离心力，从而可以发挥更强的破坏力。由于左摆拳离对手更近，因此更容易击中，而且与对手距离近时也更容易打出左摆拳。

　　在集中的瞬间肘部要与肩同高，肩部做水平旋转。此外，要注意以身体的中心带动全身进行旋转，左肩先动而拳后到（称为"猛击"）。

打向面部的左摆拳

固定肘部进行击打

摆拳要在肘部近乎呈90°的状态下进行击打。但是，对手过远时则要适当放开角度，过近时又要适当夹紧角度以进行调整。

1 左脚指向对手，向左旋转身体的同时拉回左臂。此时左手掌心向上。

2 身体向右旋转的同时打出左拳。左脚可以适当指向右侧。

左摆拳的 要点

关于拳面的指向

与对手的距离很近时，拳面竖向地打向对手容易发力，如同左图。但是与对手之间存在一定的距离时，为了防止拳面竖向击打演变成开拳击打（用拳套内侧进行击打的犯规动作），要如同右图一样用横向的拳面进行击打，这样也更容易击中对手的要害部位。

距离近时

距离远时

检查！ 以身体的中心带动全身进行旋转

如果仅转动上半身，则打出的拳头没有威力。要以身体中心的力量带动全身进行旋转。

3

身体的旋转和手臂的挥动互相叠加，形成有力的一击。肘部与肩同高。

4

前臂以水平姿势打出。用肩膀带动拳头会更有效果。

扫码看视频 02-02

右摆拳

动作容易变形成王八拳，所以要保持精准有力

从离对手相对较远的右侧出拳的右摆拳由于轨迹更长，因此破坏力也更强。但由于动作较大，右摆拳也更容易被对手预判，

如果能在对手出左拳的同时打出会更有效果。在美国，右摆拳要比直拳更常使用。

打向面部的右勾拳

击打开始时要保持动作精准有力

因为是从较远的一侧发起动作，所以容易被对手预判。要尽量把右臂向后拉回的动作做到精准、短促、有力，同时防御也不能松懈。

利用下肢使重心移动，从而进行击打

通过蹬出右脚将重心向前移动，从而带给拳头更多的加速度。

1 右摆拳首先要从基本抱架姿势开始，将身体向右侧反拧，并逐渐将重心置于前脚。

2 在移动重心的同时蹬出右脚。身体向左侧旋转，同时打出拳头。

48

注意
这样的
错误

放下左手的防御

右摆拳容易出现防守空隙，特别要注意出拳时不要忽略防守。

变成王八拳

为了使威力增大，很多人会不自觉地将动作做大，变成王八拳。要注意随着身体的旋转，保持一个紧促有力的攻击轨迹。

3 顺着惯性击出拳头。肘与肩同宽，肩部保持水平运动。

4 打出后马上回到基本抱架姿势进行防御，注意不要因为动作过大而失去平衡。

左勾拳

自下而上进行击打

　　勾拳的特点是自下向上进行出拳，所以其进攻轨迹难以被对手发现，也难以预判。对于正面防御很稳固的对手，一般就用勾拳进行破防。要点是注意利用肩部的带动出拳，同时要注意从对手的视线死角出拳。不要把勾拳想象成太难的技术，把它当作斜着打出的摆拳即可。

打向身体的左勾拳

检查！ **手臂的动作要短促有力**
　　动作过大会出现空隙，使对手的攻击容易打进来。要以小幅度的动作出拳，带着全身的力量打出。

1 从基本抱架开始，一边向前移动重心，一边将手臂收回。

2 一边屈膝、弯腰，一边微屈手肘。注意不要落下防御并且要紧盯着对手的视线。

提高

利用肩部带动出拳进行击打

勾拳要以肩部的运动带动出拳进行击打。肩部先进行运动，再带出拳头。

肘部的开合角度要根据距离进行调整

与对手之间距离很近时要打开手肘，调整臂展长度。结合希望击中的部位调整肘部的开合角度。

击破对手的防御

勾拳很适合用于击破对手的防御。通过引诱对手进行头部闪躲后，使用勾拳可以获得很好的反击效果。请在这个技术上多下功夫。

与右直拳进行组合

打出左直拳后再接打向对手面部的右直拳。由于存在高低差，因此对手难以判断你的拳头。这是内藤选手擅长的组合技之一。

3 通过屈膝，带动腰部旋转进行送肩，拳头向斜前方打出。

4 在肩部与下巴将要碰到的时间点收回拳头，马上回到防御的姿势。

扫码看视频
02-04

右勾拳

破绽较大但威力也大

右勾拳由于手臂的旋转幅度更大，因此一旦击中威力也十分巨大。但是，它的破绽也比左勾拳更大，因此在实战中要掌握如何一边进行防御，一边尽量以小动作打出这一技术动作的技巧。

打向面部的上勾拳

利用腰部的旋转出拳
要将出拳和腰部的转动联合起来，利用旋转的力量才能使出拳更加有力。

1 从基本抱架开始，将重心逐渐转移至前脚。

2 在向前转移重心的同时，腰部向右旋转，同时右手肘向后拉。

注意
这样的
错误

变成王八拳

如果将出拳轨迹拉长就容易变成王八拳。为了尽量减少破绽，右勾拳的动作要保持精准有力。

右勾拳的 要点

向对手左侧旋转

打出右勾拳时，向对手身体的左侧旋转可以进入他的死角，从而更容易击中。

检查！ **利用屈膝**

保持膝盖柔软的状态，顺着膝盖由弯曲到绷直的势头出拳。

3 蹬出右脚，身体向左旋转，打出右拳。

4 拳头向斜上方打出后，马上回到基本抱架。

53

扫码看视频
02-05

后仰躲闪

要点是将重心移至后脚

上半身向后仰，可以使头部躲开对手的出拳。这样可以使用极小的动作躲过对手大多数的进攻，同时也易于转守为攻，是万能型的防守方法。在近距离对战时，后仰躲闪也可以躲开摆拳和勾拳，请一定要灵活地掌握这个技术。

防御不能松懈

上半身后仰时防御绝对不能松懈。

收起下巴

下巴朝上的话会影响视线，也会影响整体平衡，应该收紧下巴、盯住对手。

检查！ 重心移向后脚

如果只是上半身后仰就会变成抬下巴的姿势。后脚要后撤一步，同时将重心后移，然后再进行后仰。

接拳

用手掌停住对手的出拳

这是用手掌将对手的出拳接住并停住对手的攻击的防御方法。用手进行防御与普通防御和拍挡相似，但是难点在于动作的连贯性。适合在对手打出意外的攻击，或无法保持站姿时使用。

掌心朝向对手，像是要抓住对手的拳头一样停住对手的攻击。右侧的攻击用左手，左侧的攻击用右手，尽量用不同侧的手接住对手的攻击。

拨开

把对方伸出的手击落的防御技术

对手有时会为了保持距离而把左手伸在前面（正架时；反架时则为右手伸在前面）。把这个碍事的左手拨开的动作叫作"拨开"，即用左手或者右手将其伸出的手拨开并接上攻击的动作。这是用于找不到合适的进攻方式时的攻防一体的技术。

1

利用拳套的掌心一侧，左右手均可用于拨开对手伸出的手。

2

用尽量小的动作快速拨开对手的手，并马上接上进攻的动作。

检查! 拨开动作后接拳击

对手的手被拨开后，其平衡也被破坏，要果断地接上进攻的拳击，并时刻保持在防御后进行反击的意识。

抬肘防御

利用手肘改变对手拳头的轨迹

　　抬肘防御是利用肘部将对手的出拳抬到不能触及面部的位置，从而变更其攻击轨迹的一种防御方法。这是一种被逼到拳台边角或者近距离对战时经常使用的高级技术动作。要注意抬起手肘后身体不要被打到。

1

对手出右拳时用左手，对手出左拳时用右手是这个技术的基本操作思路。

2

使用手肘将对手的出拳向上抬起，改变其轨迹。

手肘防御

将对手打向身体的攻击用手肘接住

手肘向外，防住对手出拳的防御技术叫作手肘防御。由于手肘很硬，所以在防住对手进攻的同时还能给对手造成伤害。这个伤害会给对方造成不再对这个位置出拳的心理阴影。

1

掌心朝向对手，这时手肘会自动外翻。

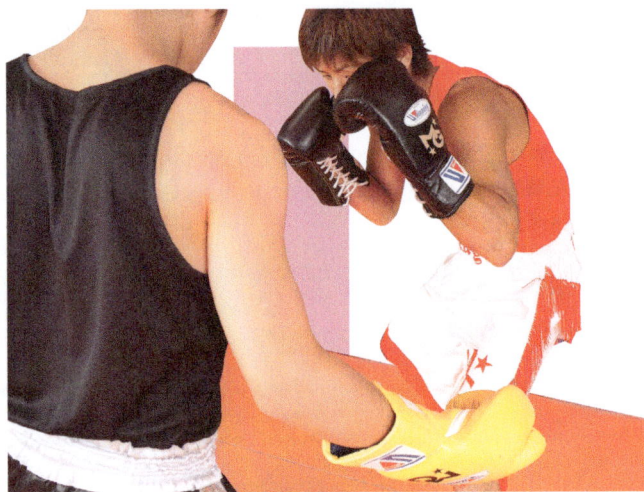

2

用坚硬的手肘前端接住对手的出拳。这样对手就不会再针对身体出拳了。

肩部防御

瞬间用肩膀护住下巴的高级防御技术

肩部防御如其名称所示，是使用肩部进行防御的技术。只要有一个动作没有做对，就容易使要害部位受到伤害。但是，肩部防御由于没有用到手臂，因此适用于接摆拳或勾拳。要练习如何掌握正确的时机进行防御。

1

在对手拳头即将击中的瞬间抬肩，从而护住下巴。

2

头部像是躲开对手的拳头一样移开。

59

我可以断言，我们拳馆没有一个人会觉得自己没有获得预期一样的进步。说"让我停一会儿吧"的人也一个都没有。

理由就像内藤说过的那样，来拳馆是自己觉得开心。如果觉得练拳很痛苦，那肯定坚持不下来。在拳手们都觉得很开心的同时，我也会把"找到每个人的优点"当作教学的基本内容。

很多教练最开始时习惯先弥补拳手的短处，但是弥补人的短处是很花费时间的，即使弥补好了，拳手也没有什么进步。在我看来，用拳手的长处掩盖他的短处就可以了。

有一个很有名的选手，他防御的手一直放得很低，被批评说"你的手为什么总掉下来"。但是，这是因为他的教练告诉他"防御的手不要拿得太高"。他的教练认为他无论被打了多少次，只要能灵活地运用出他的攻击力，就离胜利

不远了。所以这名拳手无论被说了多少次，也一直保持这种打法。

谁都能指出别人的不足，而教练的能力应该是看透选手的个性，发现他的优势，然后灵活地运用这个优势。

内藤最大的优势就是臂展很长。对手可能想着"躲过去了"，结果还是会被击中。另一个就是内藤觉得有些"投机取巧"的优势。当时他在拳击界崭露头角的时候经常使用正架，并且他的右直拳和左摆拳也很不错。因此，我就考虑让他活用他的臂展，以及这个"右直拳+左摆拳"的组合技。

与臂展很长的内藤对打的选手肯定不会想要冲到他面前。这时，内藤就冲着对手的防守打一个右直拳，让对手觉得"啊，这一拳挺吓人"，从而引起对手的注意。当对手的精力都放在直拳上的时候，内藤再趁机打出左摆拳。就因为这样，他连续赢了很多场比赛。

宫田会长评
内藤选手
走向世界的道路②

确定活用长的臂展与组合技的优势的打法

拳击小专栏

第3章

高级篇

Advanced Technique

学习职业拳手的技术，目标是打出更高层次的拳击

在第1章和第2章中，我们已经学习了基本的进攻和防守技术。在第3章中，我们将介绍一些职业选手使用的更高级的技术，以及前人创立的一些独特的技术风格。

如果可以熟练掌握这些技术，你将可以展开对手难以预判的、丰富多彩的攻击和防守，使这些技术成为你的强大武器。请多多尝试各种打法，并找到适合自己的风格。

高级拳法

● 学习多种拳法，并找到适合自己的强力一击

在这里我们将对拳法的种类进行进一步的扩展。其中虽然也有破坏力很强，但是难以在实战中使用的技术，不过如果能在这之中找到适合自己的拳法，可能就可以将其变成你在关键时刻使用的绝招。

近距离格斗的寸拳 ▶ P64

学习距离对手很近时如何有效出击，需要找到适合自己的距离感。

超级大摆拳 ▶ P67

从对手的防守之外出击，特点是对手难以预判。

大摆拳 ▶ P66

像是越过肩膀打出的勾摆拳。由于轨迹很长，所以威力也就非常大。

俄罗斯摆拳 ▶ P69

仅用食指与中指的关节进行击打，可以借由锐利的关节角度给予对手强力的伤害。

钻头拳 ▶ P68

如同拔红酒瓶塞一样，一边旋转肘部一边出拳。

大勾拳 ▶ P70

像是用镰刀砍草一样，从斜下方向上击打。

抽击 ▶ P71

与打乒乓球时的抽击类似，介于勾拳和摆拳之间，有着强大的破坏力。

瞪羚拳 ▶ P72

利用像是动物跳跃时的膝盖屈伸动作，在向上跳的同时出拳。

风格研究

● 结合技术学习各类风格

我们将在这一部分介绍前人创立的各种攻击及防御风格。请一边考虑如何在比赛中使用，一边考虑每种风格在什么情境下最有效。

轮摆式位移 ▶ P73

这是杰克·邓普西的招牌风格。一边用头部像是在画倒"8"字一样躲开对手的出拳，一边接近对手。

底特律式姿势 ▶ P74

用放松下垂的左手打出高速的直拳，这是一种重视攻击的技术风格，适合长手长脚的选手。

躲藏式姿势 ▶ P75

一边用拳套护住下巴，一边接近对手，给对手造成压力。

双臂交叉姿势 ▶ P76

双臂十字交叉，一边可以防御勾拳或者摆拳，一边可以出拳反击，适合内围型选手。

肩部遮挡姿势 ▶ P77

调动眼睛、肩膀、手肘和手臂进行防御，此姿势适合被逼到边角时进行防御。

近距离格斗的寸拳

直拳及摆拳要以身体为轴进行旋转，勾拳要善用膝盖的屈伸

近距离格斗的诀窍就是距离对手越近越要击打对手的高位置。如果故意去击打对手低一点的位置，会不容易发力。要有意识地利用重心为拳击增加威力，即直拳及摆拳时以身体为轴进行旋转，勾拳时则要善用膝盖的屈伸，同时注意手肘的弯曲程度，以准确击打对手的要害部位。要通过不断练习，掌握自己能够以最大威力打出拳击的距离。此外，需要注意动作过大的话容易被对手反击，因此要注意让动作紧促有力。

🥊 近距离格斗的直拳

要点是最大程度地利用以身体为轴进行旋转带来的力量。此外，虽然远距离击出直拳时要翻转拳面，但近距离时则不需要，仅利用全身的力量进行击打即可。要通过练习，掌握到什么程度的距离时需要或者不需要翻转拳面。

近距离格斗的摆拳

为了不变成只用手臂进行击打，要注意利用身体的旋转带动重心。为了保持出拳的速度，同样不需要翻转拳面进行击打。

近距离格斗的勾拳

要点是利用膝盖的屈伸有节奏地自下而上进行击打。同样要注意利用重心的变换增加出拳的威力。

大摆拳

利用离心力从斜上方打下来的拳击

大摆拳是越过肩膀，利用长长的轨迹进行击打的技术。由于大摆拳利用了离心力进行击打，因此威力十分强大。但同时由于击打的轨迹很长，所以也容易被对手预判。相比于频繁使用，偶尔使用大摆拳更有效果。此外，要注意从上向下击出。

1

与直拳一样，将重心转移至前脚。

2

一边将重心转移至前脚，一边利用离心力甩出手臂，就像是打出一个特别大的摆拳一样。要注意让拳面准确地击中目标。

扫码看视频
03-03

超级大摆拳

从对手的防守之外对其进行击打

超级大摆拳是利用比大摆拳还要长的轨迹，从对手的防守之外对其进行攻击的技术。这一招式适合在对手的防守不够严密时作为反击使用。由于是在对手防守不到且难以预判的地方进行攻击，因此威力也很大。

要从对手无法防御的地方以大弧线进行击打，这样即使对手后仰也能击打到。

67

钻头拳

在击中的瞬间将手肘旋转90°以提高贯穿力

钻头拳如其名称所示，是如同钻头一样进行攻击的拳法，据传是由美国次中量级冠军查尔斯·麦科伊创立的打法。在打出时将手肘进行旋转，并在即将击中对手的瞬间将拳面由竖直转为平行，从而击中对手。由于钻头拳利用了贯穿力，所以是很容易击破对手防御的打法。

并不需要像传言说的那样进行180°的旋转，90°即可。重要的是能在即将击中前转回拳面并击中对手要害部位。

俄罗斯摆拳

这是俄式拳击中的一种传统技术，利用食指和中指的关节击打对手。由于接触面积小，它可以用锐利的关节角度猛击对手，对对手造成伤害。要通过不断的练习，掌握如何准确地击中对手的要害部位。

检查！ **突出拳面食指和中指的关节**

接触面越小，给予对手的伤害也就越大。为了让关节能够确确实实地击中对手，我们要考虑如何打出这一拳。

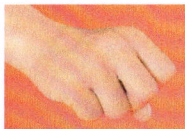

扫码看视频
03-06

大勾拳

利用离心力的强大勾拳

据说，大勾拳是号称"古巴之鹰"的拳手在用镰刀砍草的动作中得到的灵感，从而创造的利用离心力打出勾拳的拳法。其要点是要从下向上进行击打。

一边想象用镰刀割草的动作，一边从斜下方像是打直拳一样出击。

抽击

介于勾拳和摆拳之间的拳法

介于勾拳和摆拳之间的拳法就是抽击。如名称所示，它与打乒乓球时的抽击很相似。

从斜下方出击，由于利用了离心力，所以破坏力很强，但同时也由于动作较大容易被对手反击。因此，使用时要注意防守。

注意手肘的朝向、腰的转向角度和拳头的轨迹保持一致，这样可以大大增加抽击的威力。

第3章 高级篇 ● 学习职业拳手的技术，目标是打出更高层次的拳击

瞪羚拳

这是额外利用膝盖的屈伸进行击打的勾拳，即一边向上跳一边打出拳击。瞪羚是一种栖息在非洲大陆的生物，这种拳法根据瞪羚的跳跃姿态进行命名。另外，也有传言说这个动作是以轮岛功一选手的蛙跳为原型的。

1 | 2 | 3

首先屈膝，在跳起的同时出拳。脑海中可以想象瞪羚等动物跳跃的姿态从而进行模仿。

轮摆式位移

如同画倒着的"8"字一样进行快速迂回的躲闪

一边用头部画倒着的"8"字躲开对手的出拳，一边接近对手。通过头部运动可以获得近似于前手直拳的效果，据说这是培养了泰森的有名教练库斯·达马托所设计，并以活用这一技术的世界冠军杰克·邓普西进行命名的。

一边躲开对手的出拳，一边寻找反击的空隙。不断地移动头部可以让对手难以判断拳头的轨迹，同时重心的不断移动也给自身的拳头增加了威力。这是一种攻防一体的技术。

73

底特律式姿势

用放松下垂的左手打出高速的直拳

这是底特律有名的拳馆克朗格拳馆开发的一种重视进攻的、适合外围型拳手的技术风格，也被称为"杀手姿势"。

这种风格的特点是用放松下垂的左手打出高速的直拳，因托马斯·汉斯经常使用这一风格而闻名。

由于左手放松下垂，因此可以快速出拳。这样的打法需要与对手拉开距离，因此适合臂展较长的外围型选手。

扫码看视频
03-11

躲藏式姿势

用拳套挡住下巴，并给予对手压力

用左右手的拳套将下巴遮住，并通过快速摇摆以及前后移动，如同捉迷藏一样给对手以压力。这种技术由库斯·达马托创立，并且是泰森的成名技术。

1

2

3

将拳套置于面部前方，抬高防御的同时接近对手。

双臂交叉姿势

使用双臂交叉冲入对手内围

　　双臂交叉姿势是将双臂做十字交叉，一边防守对方的摆拳与勾拳，一边试图冲入对手内围的一种防御技术。这种技术适合用在比赛情况不利时，为挽回态势而抱着可能会承受伤害的决心冲进对手内围的情形。

从正面看

从侧面看

在大约胸前的位置，将双臂做十字交叉进行防御，并接近对手。

肩部遮挡姿势

运用眼睛、肩膀、手肘、手臂进行防御

　　这种技术需要调用眼睛、肩膀、手肘、手臂进行防御，是弗洛伊德·梅威瑟的招牌技术。这种技术适合在被对手逼到角落时使用，但由于会造成很强的被对手攻破的印象，容易被扣分数，因此使用时需要注意。

1 右臂直立，左臂呈直角，放于右臂手肘处。

2 用左肩防御对手的右摆拳。

3 用右臂防御对手的另一侧的摆拳。

4 用左臂防御并击落对手的右勾拳。

5 用右臂防御对手的左勾拳。

6 用右手的拳套挡住对手的右直拳。

乍看上去防御的手都放得很低，但是实际上可以应对各种进攻。要注意预判对手的攻击并适时反击。

77

"You can do it（你可以的!）"这是我一直对内藤说的话。

不只是内藤，所有人都会希望自己能够被别人认可，所以教练一定要认可自己的选手的能力，相信他的未来一定很明朗，并且让选手能够感受到这一点。这是和选手之间建立信赖关系的关键。

所以我经常和内藤说"如果变成这样就好了""如果变成那样就厉害了"的话来畅想未来。

这样说着说着，选手也会逐渐坚信"我一定会变成世界冠军的"。当他这样想着的时候，他就是所谓"被神选中的孩子"，更加可能会成为世界冠军。决定自己帆船的航向的，不是风或者潮汐，而是自己心中的那张帆。

所以，你也一定要在心中坚信"我一定能成为世界冠军"。这样想着，你就会时常在心中想："我现在需要做什么。""现在这样的生活就可以了吗？这样的举止，这样的衣服，这样的说话方式就是我了吗？做一个这样的世界冠军真的可以吗？"

像这样自问自答，你就会知道现在的自己应该做什么。这样的话，不管身旁的人对你说什么，你都知道自己应该做什么，否则你就是在否定要成为世界冠军的自己。

话说回来，你是不是觉得"目标"就是你要向着它前进的东西？其实不是的，是反过来的。不是"你向着未来的自己走过去"，而应该是"未来的你向现在的你走过来"。是的，未来的你是会被现在的你吸引过来的。

一定要坚信"我会成为世界冠军"的信念，这样的坚信就会让你有质的变化。保持着高昂的自我认知再配上各种练习，绝对会让你变得更强。

> 宫田会长评
> 内藤选手
> 走向世界的道路③

> **"你可以的!"这是我一直对内藤说的话**

拳击小专栏

组合技篇

Combination

复杂的组合技不需要背下来，掌握其要点即可

组合技即为将几种拳法组合起来进行攻击的方法。在比赛中，选手都不会只打出一拳或者只用一种技术。通过使用不同种类的拳法，可以从不同角度持续出击，以击破对手的防守，在此之上再用出终结对手的终结技，这是比赛得分的关键。然而，我们不需要对组合技进行机械式的死记硬背，掌握如何让对手不能预判或者预判出错，并组成自己的一套连续技即可。

组合技的要点

❶ 上下、里外分别进行攻击

攻击的纵向变化相对难以应对。打完面部后击打身体、打完身体后再击打面部，要学习如何这样有效地进行上下攻击。此外，也需要掌握如何进行里外攻击。如果不停变换使用直拳、勾拳和摆拳，会更加有效地攻击对方。

❷ 将简单的组合技当作一种单独的技术进行记忆

要熟练运用左直拳接右直拳的左右连击，或者摆拳接直拳这种相对基础的组合技形成肌肉记忆。当你能够熟练运用简单的组合技后，也就能够逐渐掌握复杂的组合技。

左右连击
+
左右左连击
➡ 新的组合技

具有代表性的组合技

以组合左右直拳的左右连击为首，我们将在这一部分介绍一些具有代表性的组合技。

组合技的目的是扰乱对手的视线，打破对手的防御，要意识到这一点并不断加以练习。

左右连击 ▶ P24（第1章）

从里外分别进行左右连击 ▶ P82

左摆拳→右直拳 ▶ P84

右直拳→左摆拳 ▶ P85

左勾拳→右直拳 ▶ P86

左勾拳击腹→左摆拳 ▶ P87

三连击 ▶ P88

扫码看视频
04-01

从里外分别进行左右连击

抓住对手注意力不集中的机会

在第1章中我们学习了基本的组合技，即左右连击，并且学习了分别击打头部和面部的方法。在这里，为了再次扩展攻击的范围，我们将学习里外分别攻击的方式。

通过上下、里外不同方向进行攻击，可以有效转移对手的注意力，使其难以预判我们的进攻，并使防守变得松懈。

打内侧的左直拳→打外侧的右直拳

1

先向对手内侧打出左直拳，将对手注意力吸引至内侧。

2

在对手注意力集中于内侧时，从外侧打出右直拳。

打外侧的左直拳→打内侧的右直拳

1

为将对手注意力吸引至外侧，首先从外侧打出左直拳。为了挡住左直拳，多数选手会如右图所示进行防御。

2

在对手的注意力转向外侧的瞬间，向对手内侧打出右直拳。

左摆拳→右直拳

用先打出的摆拳攻破对手的防守

这一组合技首先用左摆拳让对手将其右侧防御上举,再向其正中打出直拳。左摆拳相对更容易击中对手,而且如果在打出左摆拳时注意腰部和肩部的旋转,会使后接的直拳更有威力。

1 打左摆拳时,将手臂稍微向后拉。

2 如果左摆拳打得太小,则容易被对手以后仰躲避开。要注意打出能打到对手头部的距离。

3 打出左摆拳时要注意运用腰部和肩部的转动。打右直拳时要向对手的正中出拳,以击破其防守。

4 打出右直拳时注意左手的防御不要掉下。打完后马上撤回右拳,回到基本抱架的防御姿势。

右直拳→左摆拳

打出直拳后撤回身体的同时打出摆拳

　　根据粗略统计，有六到七成的击倒是利用这一"最强"组合技完成的。通过变换右直拳的速度和左摆拳的出拳时机，可以生出更多的变化。要通过不断的练习，掌握适合自己的进攻节奏。

1 通过充分送肩打出右直拳，将对手的注意力转移至内侧。

2 收回右直拳并转回身体的同时，移动重心并打出左摆拳。

3 在打右直拳时充分送肩，也可以起到引导左摆拳的作用。

4 要注意打出左摆拳的同时右手防御不要松懈，打完后要马上回到基本抱架的防御姿势。

85

扫码看视频
04-04

左勾拳→右直拳

可以打破牢固的防守，也是内藤选手的K.O.必杀技

这是内藤选手最擅长的、多次K.O.对手的必杀技。从斜下方打上来的勾拳是对手最难以反应的进攻，在勾拳之后，再用

右直拳打进对手崩坏的防御之中。但是要注意，这种组合技会在对手面前露出自己的面部要害，有可能会先被对手击中。

1 左勾拳的目的是打破对手的牢固防守。在放下左勾拳以进行出击的时候，要计算好时机，不要被对手先手击中。

2 由于左勾拳轨迹是从斜下方打向斜上方，对手难以看到，因此可以起到打击对手身体并破坏其防御的作用。

3 在对手防御崩坏时，用右直拳击打对手。

4 用全身的力气打出右直拳。

左勾拳击腹→左摆拳

出乎对手意料的上下连续击打

到现在为止介绍的组合技都是"左右"或者"左右左"的形式，但是也请掌握这种同方向的连续技。击打身体后再针对对手面部出拳，这是非常经典的招式。通过向对手的同一侧进行连续两次的上下击打，可以出乎对手意料并给予其伤害。

1 第一拳左勾拳击腹为了不被对手预判，要快速打出。

2 撤回第一拳时，如果撤回动作过小，则第二拳会没有威力，反之则容易被对手反击。所以，要找到最合适的动作幅度。

3 第二拳打出的左摆拳要注意利用肩部带动手臂。此外，注意出拳要迅速。

提高

左摆拳→左勾拳击腹

通过左摆拳将对手的注意力吸引到上侧，同时使其将防御重心转移至外侧，这时再针对其没有防御的身体进行从下到上的击打。

三连击

以适合的节奏持续出拳

以左右连击吸引对手的注意力并打破对手的防御之后，再针对对手缺少防御的地方打出第三拳。一般来说，以"左右左"的顺序进行出击，可以获得较好的节奏感。此外，也可以学习以"上下上"的顺序进行出击的模式。

左右左

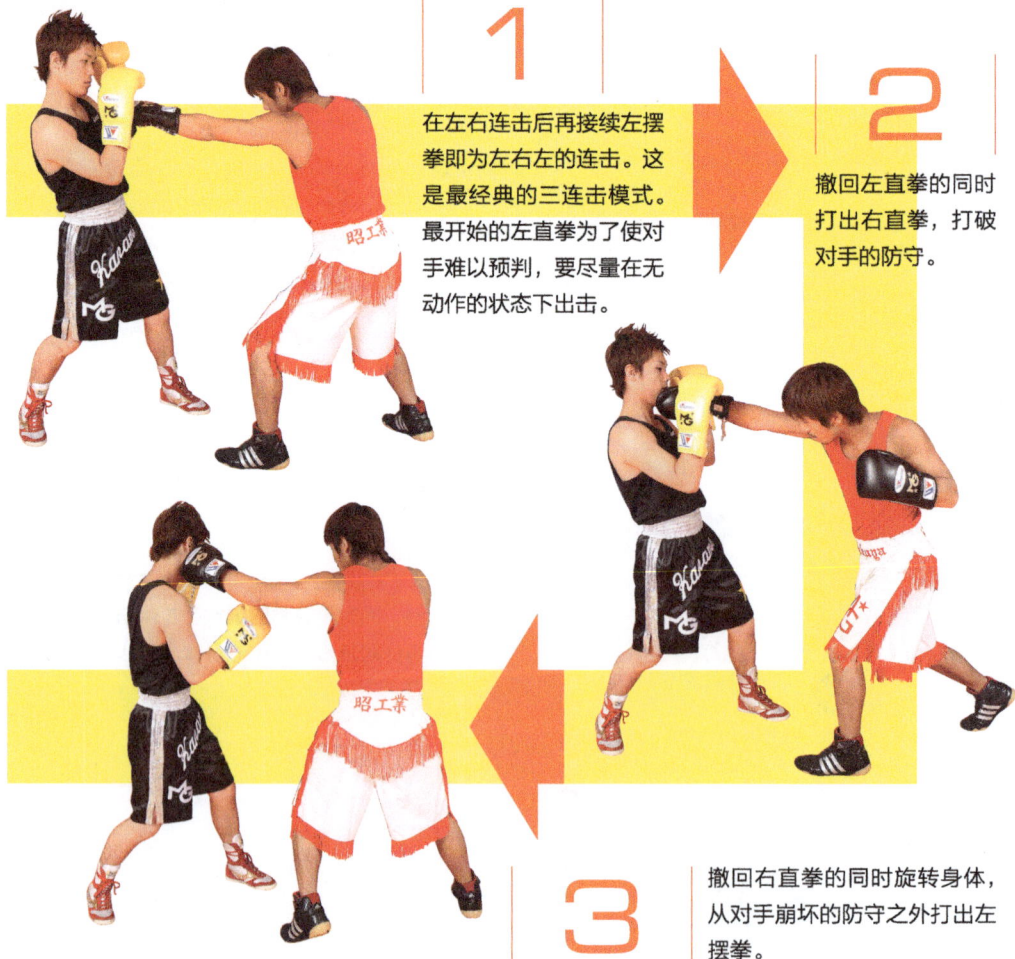

1 在左右连击后再接续左摆拳即为左右左的连击。这是最经典的三连击模式。最开始的左直拳为了使对手难以预判，要尽量在无动作的状态下出击。

2 撤回左直拳的同时打出右直拳，打破对手的防守。

3 撤回右直拳的同时旋转身体，从对手崩坏的防守之外打出左摆拳。

左直拳→右直拳击腹→左摆拳

1 打出的左直拳使对手的防守重心转移至上侧，此时要瞄准对手的面部进行击打。

2 撤回左直拳的同时弯腰，用右直拳击打对手腹部。

3 在对手将防守重心转移至身体时打出左摆拳。在撤回右直拳的同时旋转身体，可以带动重心移动从而增加拳头的威力。

我是把所有学员都当作未来的世界冠军进行指导的，所以内藤当时也接受了和世界冠军同样的课程指导。当时的他觉得训练特别艰苦。

现在时代不一样了，我也不会再对学员做那样艰苦的训练了。当时的斯巴达式的训练，学员们没少挨打，可以说内藤是一边挨揍一边成长起来的，最后也只剩他一个人还在坚持练习。

这就像考试复习的时候，相比做一百道容易的题，做一道难的题肯定更有收获。困难的题如果会做了，简单的题肯定自然而然就会做了。训练也是这样，与其说从轻松到困难一点一点增加练习的强度，不如从一开始就进行艰苦的训练。也是因为这样，我才从一开始就严格要求内藤，要求他的训练必须保质保量。当然，他也照做了。

拳击的训练在旁人看来是很艰苦的。但是，人生就是要留下点自己活在世上的足迹，所以无论多么艰苦，也应该努力生活。只要能够这样想，其实就不会觉得艰苦，反而会感觉很快乐，内藤就是这样。

所以，如果你觉得训练很痛苦，那可能是你的方法不对，一定要找到适合自己的训练方法。比如，如果觉得打沙袋很累，那么无论你打多少次沙袋，实力也不会有多强，甚至会变弱。所以这时我反而会说"别打了"，因为在这个时候就应该考虑其他的训练方法。

还有一种说法叫作"二八法则"，即如果训练的80%是必要但痛苦的，那么这种训练就不会让你变强。反过来说，如果你的训练里只有20%让你觉得开心，那么很可能这20%的训练能起到的效果与剩下的80%差不多。增加更多能让自己感到开心的训练内容，才是变强的捷径。

因此，要找到自己觉得开心的训练方法并坚持下去，等你发现在训练中感到很快乐时，你已经变强了。

宫田会长评
内藤选手
走向世界的道路④

持续进行快乐的练习，这才是通往强者的捷径

拳击小专栏

战术篇

Tactics

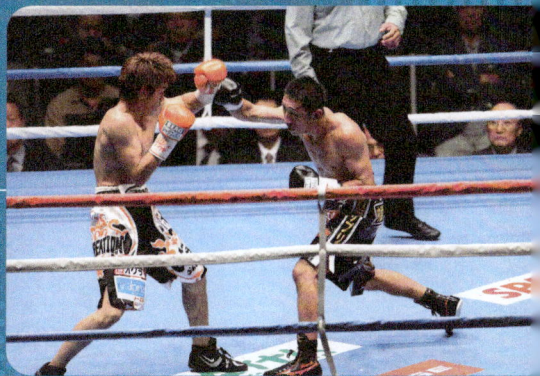

掌握实战性技术，灵活应对比赛

在实战中，获胜的要点是要想尽一切办法阻止对手用出其拿手技术，并将实战局面转换至适合自己的风格。由此，在第5章中我们将介绍为此而生的各类必要战术。举例来说，包括虚晃对手的佯攻以及根据对手的攻击进行的反击等。除此之外，在这一章也会介绍能够使对手受到更大伤害的各类要害部位，以及针对各种风格的对手所制订的不同应对策略等。

来学习技巧吧

● 掌握千变万化的攻击技巧

攻击，重要的是如何打出对手的意料之外。也就是说，拳击是互拼想象力的战斗，因此要熟练运用佯攻以及反击技巧，组合千变万化的攻击方式。

关于佯攻 ▶ P94

模式 ① 利用佯攻出拳进行的佯攻	模式 ② 利用出拳轨迹进行的佯攻

模式 ③ 利用视线进行的佯攻	模式 ④ 利用习惯进行的佯攻

防守反击 ▶ P98

关于要害部位 ▶ P104

针对不同类型选手的打法

● 分析对手，并用最适合的战术进行应对

　　一般来说，可以根据每名拳手的对战风格将其分成几类。相应的，拳手根据不同对手的对战风格，可以制订不同的攻防策略。在这一节，我们会学习针对不同类型对手的打法。

关于佯攻

将4种佯攻进行多变组合

如果你的攻击变得模式化，那么就会由于过于单调而使对手易于预判你的动作。为使你的攻击丰富多彩，一个有效的技术就是"佯攻"。通过假动作来迷惑对手，可以使对方更加难以预判我方的意图。

下面介绍了4种佯攻技术，这4种佯攻技术的共通点是，它们都是通过迷惑对手，使对手注意力转移之后再进行攻击的。如果能够在佯攻中以想象力赢过对手，那么攻击的方式将会大大丰富起来。

模式 ❶ 利用佯攻出拳进行的佯攻

为了吸引对手的注意力或欺骗对手，可以打出佯攻的一拳，然后在对手做出防守动作的瞬间再打出真实的一拳。

要点是打出的"第一拳"要充分吸引对手的注意力。此外，如果将落拳点上下分散，例如击打面部后再击打腹部，那么效果会更对。

左直拳佯攻→左直拳

左直拳佯攻→左摆拳

左拳出拳2次。请注意，这一组合不能够分散落拳点至对手身体

提高

让对手看见拳面

将拳面朝向对手也是一种有效的佯攻。对手看到拳面后会产生"拳头马上就要打过来"的错觉。

从下向上击打

佯攻出拳时，相比于自上而下进行击打，从下向上会更加容易成功。由于从下向上进行击打更像是正常的出拳方式，所以更容易干扰对手的防守。

用左直拳将对手的注意力吸引至外侧后再打出右直拳。由于左直拳打出时拳心朝下，因此稍稍将拳头向上抬起可以更有效地吸引对手的注意力。

左直拳击腹佯攻→左摆拳

通过上下分散出拳，可以起到更好的佯攻效果。

假意击打一个地方，然后通过变更出拳的轨迹，实际击打另一个地方。例如内藤选手擅长的佯攻就是假意击打对方身体，实际击打对方的头部。

关键点是在不改变姿势的同时变更出拳的轨迹。对手如果不能判断你究竟要击打哪里，那么他也就更容易露出弱点部位。

假意击打腹部，实际击打面部

出拳时掌心朝向对手，会更容易让对手错以为要击打腹部。保持姿势不变，变更出拳轨迹以击打对手面部。

假意击打面部，实际击打腹部

紧盯对手的面部，然后实际击打对手腹部。要点是要将对手的注意力吸引至其面部。

模式 **3** 利用视线进行的伴攻

通过移动视线吸引对手的注意力，是一种利用对手心理的伴攻技术。

将视线看向对手的面部或身体，在对手以为我们要击打这一部位的时候击打对手的其他部位。

1 视线盯向对手的身体。对手会提高警惕以防我们击打其腹部，从而将防御下移。

2 在对手将其注意力转移至身体时，击打其面部。

模式 **4** 利用习惯进行的伴攻

这种伴攻通过经常向对手用出一种出拳后，突然变换另一种出拳方式来实现。通过让对手习惯我们的出拳方式后，在他的注意力被这种出拳方式吸引的时候打出其他的攻击方式，可以有效对对手造成伤害。通过变更击打的部位、出拳的速度以及拳头的重量等形成多种伴攻。

1 右拳击打对手腹部左侧。

2 然后击打对手腹部右侧。通过不断向对手腹部出拳，将其注意力转移至腹部。

3 在对手习惯我们对其腹部进行攻击后，瞬间向其面部进行出拳。在出乎对手意料的同时也可以对对手造成伤害。

扫码看视频
05-02

防守反击

最完美的反击时机是与对手同时出拳

在躲过对手出拳的同时打出反击，可以利用对手的惯性为自己的出拳增加威力，顺利时甚至可以K.O.对手。这里介绍以下3种反击的时机，其中"大反击"效果最好。

反击的时机有3种

❶ 回击拳

通过摇摆等方式躲过对手的出拳后，再出拳进行反击。但这种时机会导致反击的威力较弱。

❷ 小反击

瞄准对手出拳结束的时机进行反击，比回击拳威力稍大。

❸ 大反击

与对手同一时间出拳，是最理想的反击时机。

右交叉反击

1 这是大反击的代表性技术。首先用向右的头部躲闪等动作躲开对手的左直拳。

2 在躲开对手攻击的瞬间，在对手的左直拳之上打出右摆拳。

以左摆拳反击右直拳

1 用头部躲闪或侧滑步等技术躲过对手的右直拳。

2 从对手的侧面快速打出左摆拳。

以右勾拳反击左直拳

| 1 | 向右侧进行头部躲闪，躲开对手的左直拳。 | 2 | 在对手动作完成的瞬间用右勾拳击打对手的面部。 |

以左拳击腹反击左直拳

| 1 | 对手打出左直拳后，用头部躲闪等技术进行闪躲。 | 2 | 顺着躲开的惯性用左直拳或左勾拳对对手的腹部进行击打。 |

以右直拳反击右直拳

1 这是一种大反击。头部向左侧歪倒，以躲过对手的右直拳。

2 躲开的同时打出右直拳。虽然时机难以掌握，但是可以给予对手较大的伤害。

以左拳击腹反击右直拳

1 这是一种具有代表性的小反击。通过头部闪躲的技术向左侧移动，以躲过对手的右直拳。

2 在对手动作完成的同时，用左勾拳或左直拳击打对手的腹部。

101

以左摆拳反击右勾拳

这是在对手进攻的同侧进行的一种反击。对于对手的右勾拳，可以用后仰躲闪等技术进行闪避，同时打出左摆拳。或者也可以将自己的头部向左前方移动进行闪避，同时打出左摆拳。

以右勾拳击腹反击右直拳

通过向左迂回躲避对手的右直拳，然后向对手打出右勾拳击腹。虽然时机难以掌握，但是一旦击中威力将十分巨大。要逐渐掌握如何从最能发挥威力的角度出击。

以右直拳击腹反击右直拳

对于对手打出的右直拳，可以用下潜的方式进行躲避，然后从相对较低的位置向对手腹部打出右直拳。要掌握如何在正确的时机和距离间打出反击。

以左摆拳防守反击右摆拳

这是防御对手的出拳后，再进行反击出拳的动作。要点是在进行防御后，手直接从防御的位置进行出击。如果是另一只（非进行防御）手出拳，则会正好打到对方的防御上，而用防御手出拳则可以恰好打到对手没有防御的地方。

后仰反击（在后仰躲闪后反击）

对手的出拳用后仰进行躲闪，并在此之后迅速打出反击。这一技术主要用于应对直拳，利用后仰完成后返回的惯性增加出拳的威力。这一技术需要注意反应力、时机以及与对手之间的距离。

互击（针对对手的反击进行反击）

这一技术最具代表性的模式是，首先用左直拳引诱对手出拳，然后再用左摆拳击打对手。即首先用佯攻吸引对手的注意力，再对对手的出拳进行反击。这是一种高等技术，一旦习得就可以使它成为你在对战中可以使用的强大武器。

关于要害部位

受到拳击后会导致反应变慢、出拳速度下降

无论怎样锻炼，我们的身体还是会有几个部位一旦受到攻击，就会使我们的反应变得迟钝，身体也不听使唤。这些部位就是拳击中所称的"要害"。如果只是对对手的身体胡乱进行攻击，可能并不能给予对手足够大的伤害。只有精准地向对手的要害进行攻击，才能确保在赛场上占据优势。

当然，防守时也要极力防止要害部位受到对手的攻击，需要进行有意识的防御。因此，我们要牢牢地记住各个要害部位。

头部的要害

检查！ **耳下**

由于耳朵的下方有大动脉经过，一旦受到强烈冲击，就会使人陷入贫血状态。

检查！ **太阳穴**

一旦受到冲击，动能会直接传导至大脑，从而影响平衡感。

检查！ **下巴**

一旦这里受到冲击，会使后脑连带受到震动，即使是轻轻一拳也有可能导致脑震荡。

检查！ **下颌**

这里受到冲击时会导致头部震动，进而使脑部受到震动，造成伤害。被击打后容易受伤害的人的下颌通常被称为"玻璃下巴"。

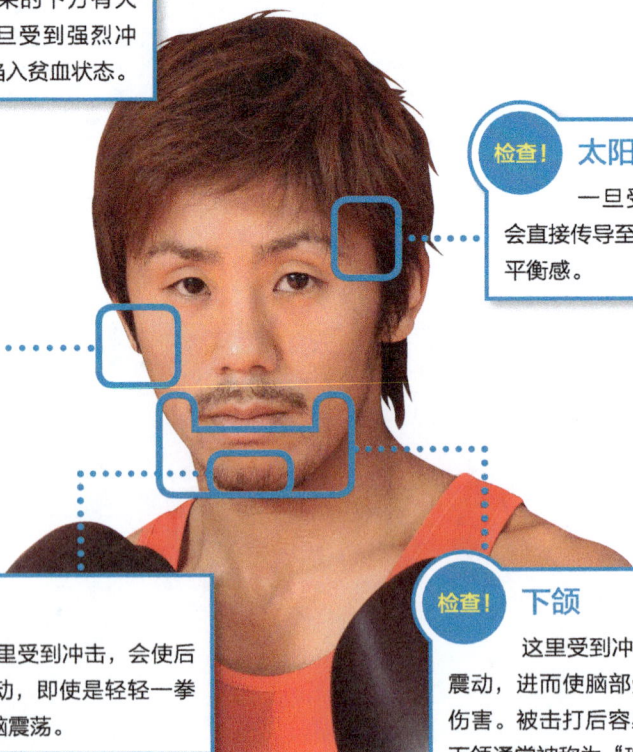

身体的要害

检查! **心脏**

心脏部位受到攻击会导致呼吸紊乱，使人在一瞬间丧失力气。

检查! **肝脏**

肝脏被击中时会引起剧烈疼痛，甚至可以一击K.O.对手。

检查! **心口部**

由于神经大量集中于此，一旦受到击打会影响呼吸，甚至使动作停滞。

反架型选手的打法

理解"插手"位置关系，攻击对方死角

正架型选手与反架型选手对战时，由于前手前脚与对方相对，因此形成了所谓"插手"的位置关系。由于反架型选手在训练中已经习惯了这种位置关系，因此很擅长在这种位置关系中进行反击。这时，正架型选手应该考虑从更合适的位置攻击对手的死角。由于左直拳会与对手左臂相撞，因此要有意识地从对方外围进行攻击。此外，我们不容易用左摆拳打到反架型选手，所以左摆拳的效果很差。与反架型选手对战的感觉很难瞬间掌握，要在日常训练中不断掌握这种位置关系以及距离感。

与反架型选手的位置关系

优于对手的右手右脚前伸，我方左手左脚前伸，因此会撞到一起。要习惯这种双方的左直拳会撞到一起的距离感。

反架型选手

正架型选手

检查! 脚置于对手外侧

反架型选手的左直拳常常会成为其强大的武器。要保持在把自己的左脚放在对手的右脚外侧的站位。同时，要注意不断地向左移动。

🥊 向外踏步，打出右直拳

1 为了避免受到对手左直拳的攻击，应向对手右脚外侧踏步。

2 在对手防守的死角打出右直拳。要注意对手的反击。

🥊 向外踏步，打出左直拳击腹

1 反架型的抱架会使对手的肝脏要害离我们更近，这里可以成为我们的目标。

2 向反架型选手的右脚外侧踏步，然后用左直拳击打其腹部（肝脏部位）。

外围型选手的打法

拉近距离进行攻击

外围型选手会一边拉开距离使我方的攻击无法到达，一边寻找机会对我方进行攻击。他们会灵活运用步法以变换位置，并适时寻找进攻机会。

因此，打法的要点就是破坏对手的节奏，使其步法变得迟缓。要尽量拉近与对手之间的距离，给予其压力，并通过攻击身体消耗其体力。

拉近与对手之间的直线距离

外围型选手会为了拉开距离，变换步法来保持圆弧形的移动。为了拉近与这类选手之间的距离，相比于左右移动，我们更应选择直线向其移动。

通过攻击其身体使对方停止移动

即使外围型选手的步法华丽，一旦其体力消耗殆尽，动作也会变得迟缓。因此，要持续地给予对方身体伤害，身体不断受到伤害即会导致步法变得迟钝。

内围型选手的打法

即使打到对方的防御之上也要积极进攻

内围型选手会一边保持防守一边积极向前进攻。如果被对方追着进攻，就会很容易被逼到拳台边角。因此，不仅不能陷入对手的节奏之中，反而要积极地向对手进攻。即使攻击都打到对方的拳套上，也要保持不断的进攻。此外，通过步法保持向对手两侧移动，可以更容易地找到对手防御的空隙。

向对手的防御之上进行攻击

内围型选手常常在防守之后连续出拳。即使内围型选手的防御很牢固，一直出拳也会逐渐打破其防御。因此，要不断向其防守的拳套上出拳，防止其在防守之后连续出拳反击。

用步法绕过防守

如果被对方一味逼近，就很容易被逼到拳台的边角。要通过使用侧滑步或环绕步等步法向对手身侧进行移动，寻找进攻时机。向侧面移动也可以躲开对手从正面发起的猛烈进攻。

高大型选手的打法

利用速度与时机补偿臂展的差距

由于高大型选手臂展较长，因此会适合施展外围打法。与这类对手对战时，不要顺应他们的节奏，而应积极地向前进攻，通过用比对手更快的速度和更精准的时机打败对手。冲进对手内侧对其身体进行击打特别有效。对战时，要点是要牢牢进行防御，并通过迂回技术躲开对手的进攻，不断拉近距离。

快速向前拉近距离

由于对手臂展很长，因此如果只是单纯向前冲就会被打到，要注意利用伴攻等技术拉近距离。拉近距离后，可以从对手防守的死角打出勾拳，然后疯狂向对手的身体进行攻击。

上下分散攻击

对付高大型选手时，如果上来就攻击其面部，容易在不知不觉间抬起下巴，露出要害。可以通过上下分散出拳，在对手防守松懈时进攻其要害。

防守牢固型选手的打法

从下方打入强力勾拳以破坏其防御

　　防守牢固型选手通过不断转换上下的防御，可以完美应对从正面而来的进攻，但是对从下方打来的拳击却难以应对。对此，通过在组合技中加入勾拳，可以打破其防御。对于防守右直拳的对手，首先通过勾拳打破其防御，然后再打出右直拳。例如内藤选手擅长的左勾拳接右直拳，由于存在上下进攻，会使对手很难预判。

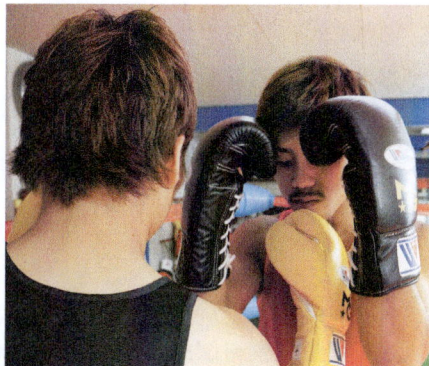

防守反击型选手的打法

同样拳法连续两次打出，不让对手有反击的机会

　　防守反击型选手会在我方攻击结束后进行反击。因此不要想一击完成，要多打出几次拳头。特别是连续左直拳、连续摆拳、连续的左右连击等都十分有效。出拳的速度与收回拳头的速度尽量越快越好，保持动作紧促有力。

其实内藤在第六回合到第十回合的时候会打得特别艰难。他体型瘦小，不是体力充沛的类型，即使努力锻炼也难以弥补这一点。

他一直坚持跑步，所以持续运动的体力还是有的，但是与对手"互殴"的体力却是另一回事。从这层意义上讲，他并不是生来就有拳击的先天条件的，所以他大概有3年的时间打得非常艰难。

在那段时间里我建议他多练习伴攻。10回合的比赛要打30分钟，12回合的比赛要打36分钟，但是加上伴攻的话，就可以消耗很多时间，从而节省体力。他正是通过伴攻弥补了体力不足这个劣势。

在困境中挣扎的时间是很重要的。如同昆虫化茧成蝶一般，拳手也可以通过在困境中挣扎化茧成蝶。内藤在3年间不断挣扎，最终展开双翼自由飞翔。

宫田会长评
内藤选手
走向世界的道路⑤

机会会以危机的形式现身，重要的是学会在困境中挣扎

因此，我认为"机会会以危机的形式现身"。在围棋游戏中，自己的棋子多也不一定会赢。正因为处在不利的情形下，我们才有翻盘的机会。也就是说，越有可能会输的时候，越有翻盘成功的机会。

因此，越是看上去不利的情况，反而越是机会。内藤在第一次世界级比赛时，被对手46秒K.O.了。赛后他被各界批评，这使他感到非常痛苦。但是，他当时也感受到了从未体验过的东西。通过那次失败，他也获得了一次机会。通过吸取失败的经验，他最终走到了世界冠军的位置。

碰壁时，不要想着"不行了"，而要多坚持一下。不要轻易做出放弃的决定，即使3年都赢不了一场比赛也没什么，没有人可以随便成功。请把挫折当作破茧成蝶的前奏。

拳击小专栏

训练篇

Training

正确的训练方法是提高拳击实力的捷径

在第6章中，我们的目标是掌握正确的训练方法。具体来说，包括为了掌握正确的姿势和动作而进行的空击练习、手靶练习，为了增强出拳力道和体力的沙袋和速度球练习，以及模拟实战的对练和实战演练。要意识到训练的目的并进行练习。

实战训练

● 假想实战场景进行练习可以增强选手的实力

训练的目的就是让选手获得实战中可以使用的技术和体力。要时常假想实战场景，明确练习的目的，在训练中不断强化不足的部分。注意不要为了练习而练习。

空击练习 ▶ P116

为了确认动作和抱架是否正确，要假想对战的对手，并在镜子前或拳台上进行模拟。

沙袋练习 ▶ P118

为了确认出拳的姿势和平衡感是否正确，并强化锻炼出拳时所用到的肌肉，要正确掌握打沙袋的方法。

速度球练习 ▶ P120

这一练习是为了提高快速出拳的能力，并且养成动态视觉以及良好的节奏感。在这里我们会介绍两种速度球的使用方法。

手靶练习 ▶ P122

是由教练举手靶，拳手击打手靶的练习方式。手靶练习不仅可以用于练习攻击技术，也可以用于练习防守技术。

对练 ▶ P124

由真实的对手协助进行练习。与实战不同，对练不用实际互相击中对方，可以用于确认自己的技术到何种程度。

实战练习 ▶ P126

以比赛形式进行的练习，是拳击最重要的练习方式之一。练习的目的是可以掌握在实战中如何使用各类技术，并获得正式比赛中所需的体力。

体能锻炼

● 身体的锻炼虽然朴实无华但非常重要

拳击虽然需要根据实战进行有针对性的演练，但是演练的前提是要有一个能经受得住演练的强健体魄。为了拥有足够的力气以及不易受伤的体质，我们不能落下对身体的锻炼。每日对身体进行锻炼可以有效防止受伤。

补充锻炼 ▶ P128

这种训练是为了获得拳击必需的体力以及平衡感。锻炼时要注意只锻炼必要的部位，不要长出多余的肌肉。

拉伸 ▶ P130

这种训练是为了进行训练前的热身以及在训练后消除疲劳，同时也可以有效防止在训练中受伤。特别是在减重时，可以着重进行拉伸训练从而多出汗以实现减重。

户外锻炼 ▶ P133

指为维持体重或减重而进行的户外跑步。这种训练可以强化持久力并锻炼腿部和腰部。可以将快速跑和散步相结合。

空击练习

要一边注意到动作的美感一边做动作

空击练习是假定对手在场的训练方法，具体来说有两种方式：一是在镜子前一边做动作一边检查自己的动作是否标准，另一种是假定有一个对手在与自己对战。

无论用哪一种方式进行训练，都要注意做出正确、标准的动作，并让身体形成肌肉记忆。

可以假定有一个对手在与自己对战的情况，与正式比赛一样按一回合3分钟进行练习。

镜前空击

把镜子里的自己当作对手，不断进行前后移动并上下分散出拳进行练习。这种练习对于练习标准动作、观察出拳的角度和旋转非常有用。如果有条件，也可以让身边的人帮忙一起检查动作是否标准。

提高

手握哑铃进行练习

也可以手握500克到1千克左右的哑铃进行空击练习。这种方式可以有效锻炼肌肉，使出拳速度更快。拳王勇利·阿巴查科夫经常这样练习。

拳台空击

在拳台上练习时，要一边想象对手处于拳台中心，一边拉开或拉近距离以练习步法、组合技和防守技巧。要像实战一样每3分钟一回合进行练习。

沙袋练习

一边检查出拳的动作和身体平衡，一边做动作

　　沙袋练习可以一边检查出拳的动作和身体平衡，一边锻炼出拳时所用到的肌肉，是拳击不可或缺的一种练习方式。大沙袋可以锻炼耐力和出拳的力道，而小沙袋可以锻炼步法和抓住时机的能力。出拳时要以直角接触沙袋。在进行沙袋练习时，要规定每回合的击打次数，从而有效增长耐力。

攻击的练习

要有意识地让自己的出拳方向与沙袋形成直角。以直角接触沙袋可以使出拳发挥最大的威力，并且可以锻炼出拳时要用到的各部分肌肉。同时，不要忘记拳头要在即将击中的瞬间握紧。

检查！　出拳要向沙袋中心击打

　　要在脑中想象沙袋的中轴线，并用左拳击打中轴线左侧，用右拳击打中轴线右侧。这样即可使出拳方向均朝向沙袋中心，并且左右拳均以直角击向沙袋。

防御的练习（利用摇晃的沙袋）

这是利用摇晃的沙袋模拟对手的动作进行的一种练习。在摇晃的沙袋旁，可以练习下潜、迂回、后仰以及头部躲闪等技术。此外，这种练习也可以帮助掌握出拳时机，强化步法练习。

提高

沙袋的种类

大沙袋

对于锻炼出拳的肌肉以及力量训练十分有用。要以正确的姿势出拳，并让拳面呈直角击中沙袋。

中沙袋

适合进行组合技训练。如果能以恰当的节奏进行出拳，那么沙袋也可以有节奏地进行摇晃。要把沙袋有节奏地摇晃作为练习目标。

小沙袋

最适合用摇晃的小沙袋练习步法以及防守技术，还可以用于练习与对手之间保持最合适的距离，以及掌握反击对手的时机等。

速度球练习

可以练习快速有力的出拳

有两种速度球。一种是从高处垂下来的速度球，叫作"单球"，主要用来锻炼动态视觉和肌肉力量。这种球可以用来训练拳手逐渐获得实战中出拳所必需的速度以及力量。此外，由于出拳位置比心脏更高，单球可以有效地锻炼心肺能力。

单球

首先，这种球可以锻炼动态视觉。其次，如果击打位置比肩部更高，也可以锻炼肩部力量。以一回合3分钟的节奏进行击打可以有效锻炼肩部和腕部力量。如果不向球的中心击打会导致球四处乱飞从而不能持续击打，所以要有节奏地准确击打单球。

另一种上下都有连接支撑的速度球叫作"双球"，这种球一般用来训练反应速度。通过速度球的不断运动，可以锻炼反应速度和节奏感，并且还可以掌握躲开对手出拳的时机。

检查! 练习让组合技全部命中速度球

假定对手像速度球一样在不停躲避，那么可以尝试打出一套组合技。要注意让拳面准确地击中速度球。

双球

双球可以训练反应速度，比如出拳后回归防守姿势以及对步法进行训练。由于上下连接球的皮筋的不同悬挂方式也会影响速度球的运动轨迹，所以可以利用这一特性对双球进行调整，从而开展出拳速度或者身体摇摆等各种不同的练习。

手靶练习

提高和教练之间的默契，克服自身弱点

这是击打教练举好手靶的一种练习方式。由于需要双人才能完成练习，因此也是构建两人信赖关系的好机会。这种训练不仅可以练习进攻，还可以练习躲避用手靶打过来的攻击。

要想学会精准出拳，需要保持向手靶中心进行击打。如果声音清脆，则是击中靶心。习惯手靶练习后还可以加上步法进行训练。

一般的手靶练习

检查! **尝试手持手靶练习接拳**

手靶练习不仅可以练习击打手靶，还可以拿着手靶练习接拳。这对练习防御对手出拳或者躲避对手出拳十分有效。

教练可以随意手持手靶，训练拳手打出复杂的组合技或在受到攻击后进行反击。手持手靶的一方要将手靶置于要害之前，使拳手模拟击打要害。

手靶的种类

● 手击靶

传统手靶，一般有2~8厘米厚。薄的手靶在受到击打时会发出清脆的响声，更容易让拳手掌握节奏；而厚的手靶更容易吸收冲击，可以减轻教练的负担。

● 手靶型手套

拳手可以一边躲开用手靶打来的进攻，一边还击，是一种适合做实战攻防演练的手靶。

● 手持靶

这是一种可以减轻教练所受到的冲击的小型手靶。

● 圆形手靶

适合初学者。由于只有一个，所以容易击中。适合一边击打一边检查动作是否标准。

123

对练

在不受伤的前提下进行实战一样的练习

这是需要有人陪同的一种训练方法。虽然需要双方带上拳套模拟实战，但是在击中对手之前的瞬间就会停住动作。在不受伤害的前提下出拳，可以让拳手体验实战。

🔴 一般的对练

由于不需要实际对打，因此可以减轻拳手的恐惧心理。要一边想着："刚刚那一拳能不能用拳面击中对手？""如果刚才对手那一拳打中我了，会对我造成多大的伤害？"，一边进行练习。

对练最大的目的是确认自身的技术。不要单纯地互相出拳，要确认自己在比赛中能否用出各种进攻和防守的技术动作，以及自己对各个动作的掌握情况如何。如果单纯只进行训练，甚至可能会在训练中受伤。要在训练中确认自己的水平，并逐渐发现适合自身的战术。

对练的 要点

戴护具进行训练

虽然对练时不实际击打对手，但还是有互相击中对方的风险。所以双方都应该戴上护具，防止受伤。初学者更应该戴上头盔护具。

条件对练

只进攻的选手　　　　　只防守的选手

可以事先决定限制条件进行对练，如只进行进攻，只进行防守，只对身体出拳，不用右手等。要根据想要掌握的技术或者克服的弱点来设定条件。这种训练的目的明确，一般训练的拳手会很有动力进行训练。

实战练习

这是为赢得比赛而进行的最重要的练习

　　拳击最重要的练习就是实战练习。与对练一样，拳手需要戴上拳套并穿上护具，但与对练不同的是，这需要实打实地进行攻击。由于是以正式比赛的形式进行练习，所以可以检验自身耐力、出拳时机以及了解学习的技术动作是否可以在实战中使用

实战练习

注意这样的错误 **没有教练指导进行训练**

与单人进行的空击练习或者打沙袋等不同，由于需要两人对战，因此一定要有教练在场进行指导。

由于对手也可以自由移动，因此可以进行许多一个人不能做的训练。可以通过实战练习，确认自己是否在实战中能运用各类技术动作。推荐在实战练习前先与教练沟通需要练习或确认的技术。

出来，通过训练意识到自身的长处和短处。此外，为了获得正式比赛中所需的体力（实战训练与真实比赛的运动量基本一致），实战训练比起户外跑步或者跳绳等训练方法更加有效。

　　但是，实战训练也伴有一定的危险性，因此要戴上头盔护具、护齿等各类装备以应对受伤的风险，同时也一定要遵从教练的指导。如果是初学者，可以制订"规定进攻方和防守方""只用左直拳"等限定规则，以进行相对安全的实战训练。

提高　掌握在拳台边角使用的技术

　　当被对手逼到拳台的边角时，由于空间有限，拳手很难自如地做出进攻或防守的动作，因此要掌握能够快速从拳台边角脱困的技术。

①从左侧绕过对手的右直拳

对手打出右直拳时，可以从左侧绕过出拳以脱困，并转而将对手逼向拳手的边角。

②从右侧绕过对手的左摆拳

针对对手的左摆拳，要像从对手的出拳下方钻过去一样进行躲避。躲避成功之后，要马上从对手侧面发起进攻。

127

补充锻炼

为了保护自己的身体，要好好进行锻炼

充分进行实战训练等练习，才能获得比赛所必需的体力和耐力。但是，为了进行实战训练，拳手也要具备基本的体力和耐力。可以通过有计划地运动，锻炼出强健的体魄。

俯卧撑

双手双脚一般要打开到与肩同宽。但是如果要强化训练肩部和大臂肌肉，可以缩短双手之间的间隔；如果要强化胸肌，则可以加大双手之间的距离。

仰卧起坐

仰卧起坐用于强化腹肌力量。为了避免腰疼，训练时可以弯曲膝盖。挺起上身时如果再接上转体，还可以锻炼腹部两侧的肌肉。

俯卧躯干抬起

俯卧躯干抬起用于强化背肌力量。可以找人按住下肢或用器具固定住下肢，然后缓慢地抬起上半身。但要注意，如果利用惯性进行运动则可能会导致腰痛。

波比跳

从站立姿势开始，首先蹲下并双手撑地，再将双腿向后伸展。然后将双腿收回，重新站立。重复这一系列动作，可以有效强化下肢力量。

跳绳

跳绳可以加强耐力并增加节奏感。可以以单脚跳、二连跳等不同方式进行练习。

哑铃空击

手持约500克的哑铃进行空击练习，可以有效地刺激肌肉。

拉伸

在训练后做20分钟左右的拉伸可以大量出汗

通过拉伸肌肉、活动关节等动作，可以更容易地做出各种动作，并防止受伤，同时也十分适合减重。在训练前后一定要进行拉伸，特别是在训练后进行拉伸可以防止肌肉酸痛。每个姿势保持至少10秒，并且有意识地去拉伸各个部位的肌肉。

膝盖后侧·大腿里侧

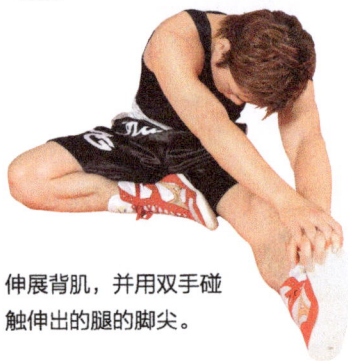

伸展背肌，并用双手碰触伸出的腿的脚尖。

大腿内侧·大腿里侧

坐着打开双腿进行伸展，并在伸展背肌的同时向前俯身。

大腿内侧·腹股沟·背肌

两脚向内合十并放平膝盖。一边尽量将膝盖向地面下压，一边向前俯身。

臀部·腰部

立着的膝盖与反向的手肘互相交叉，旋转上身。

大腿前侧

单腿弯曲并向后躺。可以用手辅助支撑以向后躺。

体侧·臀部

在躺着的状态下,将一侧腿部转向相反的另一侧,同时脸部朝向反方向。

肩部

伸展单侧手臂并紧贴前胸,用另一只手臂抱住。

大臂及背部

手臂上举,肘部向后弯曲,并用另一只手抓住手肘,向斜后方拉伸。

头侧部

拉伸背部,用单手抓住头部并向一侧下压。

头后部

拉伸背部,双手在后脑处十指交叉,并向前下压。

131

关于饮食和减重

要有计划并分时间段地进行减重

由于拳击以体重划分量级，因此大多数的选手都需要考虑减重。但绝对不能通过胡乱限制饮食快速进行减重，这样会损害身体健康，并影响比赛时的体力。要从平日开始就有计划地进行减重。

一般来说，减掉的重量占体重的5%左右不会对身体产生负面影响。要在平日就注重体重管理，通过户外锻炼等方式进行减重。如果通过锻炼无法有效减重，那么可以考虑限制饮食。在比赛前一个月左右逐渐开始减重比较理想，而且建议在保持营养均衡的前提下逐步减少摄入量。但要避免水分摄取过少导致的对健康的不利影响。

为了以最好的状态进行比赛，要在平时就注重培养高蛋白低脂肪的饮食习惯，并均衡摄入碳水化合物、矿物质以及维生素等。一日三餐不能马虎，烟酒对拳手来说都是禁忌，一定不能碰。

提供能量（主要来源）		构成人体		调整体质
糖分	脂肪	蛋白质	矿物质	维生素
提供大脑、神经、肌肉运作所需的能量。如果摄取不足就会变得焦躁，也容易没有力气	少量脂肪即可提供大量的能量，但摄取过多会导致肥胖，难以减重，所以要注意适当摄取	肌肉的恢复以及再合成都需要蛋白质。进行运动时，体重60千克的人日均需摄入约120克的蛋白质。这样的量光靠食用肉类进行摄取十分困难，特别是需要减重的选手，吃肉的同时也很可能摄入大量脂肪。因此，选手可以多吃大豆制品以及蛋白粉	铁有助于合成血液，钙有助于形成骨骼，这些都是人体不可或缺的营养元素。为防止比赛中出现贫血或者骨折，选手要多多摄入这些矿物质	维生素可以用于调整体质，它可以像润滑油一样协助其他的营养素或者酵素进行运作。蔬菜水果大多都含维生素。一旦身体缺乏维生素，很容易使体质变差或者容易疲倦
米饭、面包、面条、薯类、白砂糖等	黄油、奶油、色拉油等	肉、鱼、奶酪、豆腐、纳豆等	牛奶、动物肝脏、菠菜等	南瓜、豌豆、卷心菜、苹果等

※ 除上述以外，水和膳食纤维等也是强健体魄不可缺少的要素。

户外锻炼

对于锻炼持久力和强化腰腿不可或缺

极端一点来说，拳击比赛所需的体力以及耐力只能通过实战等方式积累。户外锻炼的主要目的并不是为了撑过比赛，而是维持健康的体重，或者达到减重以及强化腰腿的目的。要养成每日进行户外锻炼的习惯。

时间上，早上或者晚上锻炼都可以。为了让户外锻炼更有效果，可以间断性地进行百米冲刺，有时也可以悠闲地散散步，保持锻炼方法的多样性。

每日户外锻炼的推荐量

A级别资格保有人

慢跑8千米
50米冲刺 ×5次
100米冲刺 ×2次

B级别资格保有人

慢跑7千米
50米冲刺 ×5次
100米冲刺 ×2次

C级别资格保有人

慢跑5千米
50米冲刺 ×5次
100米冲刺 ×2次

※ 为准备比赛，要养成每日进行户外锻炼的习惯。

要说内藤强大的秘密，应该是他擅长用肩部带动出拳（参照第51页）。事实上，内藤可能是全日本最擅长使用这种技术的人。

用肩部带动出拳，也就是说不是把拳头"推"出去，而是用肩部的旋转拉动手臂，利用离心力增加出拳的威力。这与肌肉量、出拳速度都无关，什么样的选手都可以用这种技术打出强有力的攻击。

作为老手的内藤，能够在后半段比赛中K.O.精力充沛的新手的秘密其实就在于此。由于不是利用肌肉出拳，因此不会在比赛后半段由于肌肉疲劳而出拳无力。

但是，即便抛开这种技术不说，他也知道什么是真正的强大，所以我才觉得他是真的强大。

宫田会长评
内藤选手
走向世界的道路⑥

真正的强大是敢于独自面对恐惧

内藤和我其实差不多，我在15岁左右开始练拳击的理由也是"想打架的时候更厉害一点"。

但是，踏进拳馆的一瞬间，我意识到拳击里有比胜负更重要的东西。有时看到比我还优秀的前辈在埋头努力时，不禁会想"我不如这个人"。

打拳击比赛就和被下了战书是一样的，拳手要直面这种恐惧，就必须要具有一个人直面比赛并且不断努力的勇气。这才是真正的勇气，真正的强大。

拳手要经历刚刚说的一切后才能走上拳台，这需要很大的勇气去直面恐惧并且去不断努力。所以，打架厉害的人不会让人感动，但是拳击却会让人感动，拳手也会被人尊敬。

拳击小专栏

第 7 章

基础知识篇

Basic Knowledge

关于拳击用具

拳套与绑手带

练习用拳套

大部分初学者首先都会买这种拳套。这种拳套主要用于进行沙袋练习和手靶练习，大多使用魔术贴进行固定。

业余比赛拳套

业余选手的比赛一般用约283克或者340克重的拳套。此外，为了可以清晰地看见击中的瞬间，拳面部分一般是白色的。同样，这类拳套也大多使用魔术贴固定。戴拳套时，可以戴与自己所在角落颜色一致的红色或蓝色拳套。

职业比赛拳套

职业比赛中，超轻量级以下一般用约227克的拳套，次中量级以上一般用约283克的拳套。它们大多是用系带的方式进行固定。建议使用比赛主办方认可的拳套品牌。

绑手带

起到保护拳头以及固定手腕作用的绑带。具体的绑手带方法请参考第147~149页。

背心

业余比赛中规定要穿着背心。

拳击鞋

这是专门为拳击开发的，是适合做出前后踩踏动作等轻盈步法的专用鞋。
拳击鞋可以固定脚踝，防止扭伤关节。

头部护具

　　缓冲头部冲击力的护具。全面式护头可以最大程度降低打到面部（尤其是鼻梁）的攻击所导致的伤害。在日本业余比赛中，规定必须要戴受到日本业余拳击联盟（JABF）认可的头部护具。

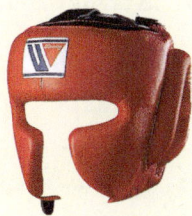

一般式护头

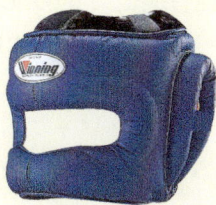

全面式护头

业余比赛护头

护齿

在实战练习或比赛中使用，可以护住上排牙齿，防止牙齿以及口腔受伤。要选择与自己的齿形一致的护齿。

短裤与护裆

短裤

在业余比赛中，规定短裤的腰带颜色必须与背心颜色一致。

护裆

护住裆部的护具。不光是实战练习和比赛中要穿，对练中最好也穿上护裆。

比赛中用到的道具

边钟

用于提示比赛与各回合的开始与结束时点。

滑石粉

涂在鞋底，用于防滑。

训练使用的道具

健身实心球

可用此球击打腹部以强化腹肌。有1~5千克的不同重量种类的球，根据需要选择即可。

拳击比赛观看指南

学习比赛规则以及裁判规则后，再去看一场比赛吧！

初学者去看比赛时，经常会发现有很多不懂的专业术语，从而满心疑惑。

可以参考如下关于拳台、比赛规则等的专业术语词典。当然，这些知识也可以加深你对比赛的理解。

关于拳台的规定

对于拳台的边长，业余比赛规定要在4.9米以上、6.1米以下，职业比赛规定要在5.47米以上、7.31米以下。

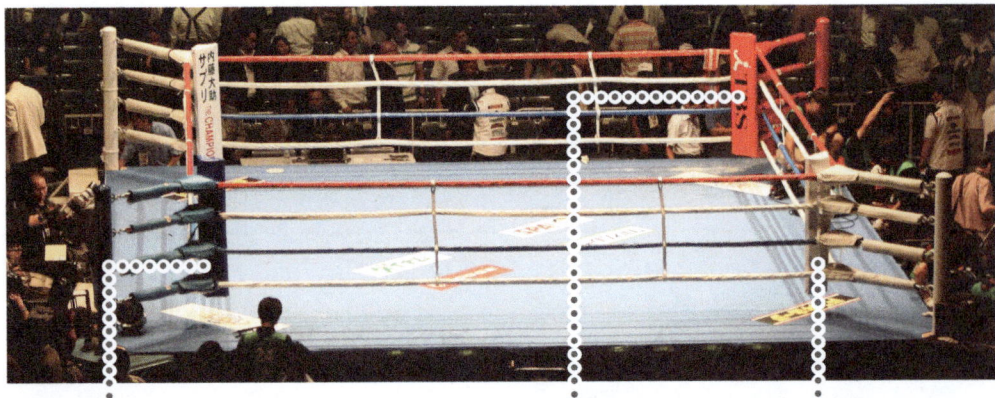

● **蓝色角落**
选手分别位于红色和蓝色两个角落，并且选手要身穿与自己所在角落颜色一致的衣服。拳台角落处还有双方的场边教练。

●**红色角落**
与蓝色角落相对。

●**中间地带**

与比赛胜负有关的人

● **主裁判**
比赛的主裁判员在拳台内管理比赛并执行比赛规则，但不参与分数的计算。

● **边裁**
边裁主要进行分数的计算，每一回合结束后将比分计入得分板上。全场比赛结束后进行统计，并记录胜者姓名。有时也需要向主裁判提示其难以注意到的违规现象（例如场边教练违规等）。

● **场边教练**
场边教练在1分钟的休息时间内照顾选手并给予其建议。最多有1名主场边教练与1名协助场边教练（职业比赛最多3人）。

拳击术语集锦

远距离战

指选手与对手之间拉开一定距离进行对战，需要选手有着优秀的步法基础。这种对战风格的代表性选手有穆罕默德·阿里。

激进的

指进行积极进攻的风格。在计分时，这一项的重要性仅次于干净利索的一击。

直立型

指上半身笔直挺立的抱架姿势。一般由远距离战风格的选手使用，用于与对手保持适当的距离。

监督员

负责监督比赛，例如检查拳套的佩戴是否合规，以及最终合计各个回合的比分等。

中场休息

指各回合之间1分钟的休息时间。

读秒

选手被击倒时，为确保安全，主裁判必须从1数到8。

正架

左手左脚在前的适合右撇子选手的抱架。与反架相对。

OPBF

东方和太平洋拳击协会，是以亚洲及大洋洲地区为主的职业拳击组织。

赛场职员

指主裁判、边裁以及监督员等保证比赛正常进行的职员。

宣告失败

指被击倒的选手，主裁判读秒至10时也未能起身的情况。

赛场医生

指职业比赛中负责给选手止血的职员。可以说赛场医生的手艺也在一定程度上决定着比赛的结果。

全遮挡

指用双臂牢牢护住面部及上半身的状态。如果长时间保持这种姿势，会被判定为失去战斗意志，违反了比赛规则。

量体重

比赛前，为按照重量级区分比赛等级，需要测量体重。业余比赛为比赛当天测量，职业比赛为比赛前一天测量。

基本规则

在19世纪的英国就已经定下来的基本拳击规则，包括必须戴拳套，每回合3分钟，中场休息1分钟，读秒到10为K.O.，禁止摔投等。

蹲伏型

与直立型相对，背部蜷缩并向前伸的抱架方式。适合希望拉近与对手之间的距离且进行积极进攻的拳手。

玻璃下巴

因为下巴容易被击中而被K.O.的选手。

干净利索的一击（Clean Hit）

指有效击打，需要用拳面精准地击中对手，是拳击比赛中得分最重要的要素，直接影响比赛结果。

缠抱

双方缠抱在一起，使对手难以进攻的防守方法。一般在受到对手攻击之后使用。

踉跄

像是喝醉酒一样踉跄前行，指由于受到伤害导致平衡感官受损，不能保持平衡直立的状态。

金手套

1923年起在美国进行的业余比赛。以1933年获胜的乔·路易斯为首，在这项比赛中出现了穆罕默德·阿里、雷纳德、托马斯·巴恩斯、泰森等多个有名的拳手。

替补冠军争夺者

由于冠军受伤、生病等原因，暂时不能进行冠军争夺战时的候补。

绝招

指选手最擅长的拳击技术。

JBC

日本职业拳击协会的简称，于1952年4月21日设立。

重心变换

指选手通过放松下肢，在前后脚之间转换重心，从而柔顺地转换攻防的技术。这是一项非常基础却也十分重要的拳击技术。

业余比赛监督员

与职业比赛相同，业余比赛也有监督员，主要负责统计比分以及协助主裁判等工作。

寸拳

与对手距离非常近时打出的拳，一般用于阻止对手近身。

短兵相接

与对手在极短的距离内对战。

换架

选手可以在比赛中自如地切换正架与反架。

站立击倒

指选手受到攻击后虽然保持站立状态（也包括挂在拳台边的绳子上的情况），但是已经不能再做出进攻或防守动作，此时主裁判判其被击倒。职业比赛中没有这种概念。

步法

指对战时选手的脚步运动，包括膝盖的运用，这是非常重要的技术。

意见分歧

指计算分数时裁判不能达成一致，以"2-1"的情形形成比分的情况。

滑倒

指由于脚滑或失去平衡，而非受到伤害而摔倒的情况。这种情况下不会当作被击倒，也不会进行读秒。

场边教练

作为选手的助手，在中场休息的1分钟时间内照顾选手的人，负责指导战术、处置伤口等。职业比赛中，每名选手可以配3名场边教练，但只有其中1名主场边教练可以进入拳台。

冠军争夺战

与上届冠军争夺冠军头衔的比赛，分为世界冠军争夺战、日本冠军争夺战等。

计时员

管理比赛时间的人员，负责计算比赛时间、中场休息时间、暂停比赛的时间、击倒读秒时协助主裁判等工作。

蓄力

指拳手为了打出更有力的一拳而进行的姿势调整。

WBA

世界拳击协会。1921年成立时名称为NBA，即国家拳击协会。1962年，原国家拳击协会解散，并成立了如今的世界拳击协会。比赛采用三次击倒制。

WBC

世界拳击理事会。于1963年从世界拳击协会（WBA）中分离出来，在墨西哥成立。采用自由击倒制。

胆小鬼（Chicken Heart）

指性格胆小的选手。

进出

指快速进行前滑步和后滑步，可以有效影响对手的节奏感，抢占比赛的主导权。

T.K.O.

技术性击倒。在职业比赛中，由于一方受到攻击而大量出血或场边裁判扔出白毛巾表示弃权等原因，主裁判宣布比赛结束并公布比赛结果。

打电话式出拳（Telephone Punch）

指由于动作过大而导致对手清楚进攻意图的出拳。

10分制

职业比赛的计分方式，发挥好的一方给予10分，另一方减10分。

平局

一般不会出现平局，但是当双方同时被击倒时会判为平局。在冠军争夺战时，平局算为上届冠军守卫成功。除此之外，也存在裁判意见出现分歧、拳手由于意外受伤而导致比赛无法进行等平局情况。

诱敌深入

指前伸上半身诱导对手出击，并随后进行反击的技术。

中间地带

拳台四角中，除了拳手的红色和蓝色角落以外的两个角落。比赛中，一方拳手被击倒时，另一方拳手要在此等候。

无效比赛

由于意外事故、天气变化等原因导致无法继续比赛时，会将该场比赛判为无效比赛。

K.O.

指被击倒的选手经过10个数的读秒之后依然没有起身的情况。此外，比赛中3次被击倒也算作K.O.（或在4个回合中被击倒2次）。

击倒

通过有效击打，使对手除了脚底的其他位置接触到地面。碰触到拳台的绳子也算作击倒。

强击手

指拳头非常有力的拳手。

连打带跑

指击中对手后马上脱离对手进攻范围的对战方式，一般由远距离对战选手使用。

斗士（Fighter）

一般指近距离对战选手，对战风格一般是进行疯狂的进攻。代表拳手有泰森。

全力击拳

指出拳时毫无保留，全力击出。这样出拳的威力一般很高。

分开

双方缠抱在一起时，主裁判将双方分开的动作。分开双方时攻击对方属于违反比赛规则。

主办方

指职业比赛的主办者。日本主要由各个拳馆主办比赛，美国则有著名比赛主办人唐纳德·金。

蹭地

脚底全部与地面接触，一般来说不宜用这种方式施展步法。

防守战

获得冠军头衔的拳手要在之后一段时间与入围的其他拳手进行头衔守卫战。

拳手（Boxer）

与斗士不同，这里指的是通过步法掌握与对手的距离，并主要通过直拳进攻的选手。

斗士拳手

介于拳手与斗士之间的风格的选手。

多数决定法

职业比赛中，3名裁判中2名判一方胜利，1名判双方平局时，以"2-0"的结果作为最终判定。

组织职业比赛的人

有时组织职业比赛的人会从职业拳馆接受组织比赛的邀请并与各方进行组织比赛的交涉。

失谐的比赛

指双方实力差距过大的职业比赛。

中距离

指介于近距离对战与长距离对战之间的对战距离。

一致决定法

一致决定。指3名裁判一致判定一名选手获胜，以"3-0"作为最终判定。

资格

通过JBC的职业检测并合格后，会颁予选手"职业拳手资格证"。不仅是拳手，一切与拳击比赛相关的人都需要考取此证书。而业余选手在各个地方进行资格登记后，即可获得选手卡。比赛的裁判员根据规定，也需要取得A到C级别的资格证书。

排名

拳馆或拳击组织按重量级发布的拳手顺位。以JBC为例，每月会发布每个重量级的前12名选手的顺位。

臂展

两臂横向伸出，左右手之间的距离。

先手

比赛中最先打出的一拳。

比赛支配程度

选手掌握比赛场上情况的程度。在职业比赛中，这也是计算得分的一项指标。

主裁判

比赛场上的主裁判员，主要负责在拳台上监管比赛、管理比赛并执行比赛规则。

触绳击倒

选手倒在场边绳子上，不能继续进行攻击或防御的状态被视作击倒，需要进行读秒。

长距离

指双方不进行前滑步就不能击中对手的距离。

压倒性比赛

指比赛的一方具有压倒性的优势。业余比赛中，在出现压倒性优势时，会由主裁判强行终止比赛（简称RSC）。

常见的会被警告或扣分的犯规行为

危险的行为

●用头撞击对手

用头撞击是犯规行为，这种行为多出现在冲入对手内围时。要注意防止头部比手臂更靠前并碰触对手。除头部以外，肩膀、膝盖、肘部等均不可冲撞对手。

●击打下身

指击打对手腰线以下的攻击。如果对手下身受到击打且受到严重伤害时，可能会临时加入休息时间。

●开拳击打

即用拳套侧边击打对手。开拳击打的伤害也比较严重，因此要注意用拳面击打对手。

●插眼

用拳套的拇指部分插对手眼睛的行为。由于这一行为可能会造成重大事故，所以绝对要避免出现这种情况。

●击打后脑

不可击打对手的后脑，而只能击打其面部。

即使是非故意做出以下所提到的各个危险动作以及拳击中禁止的行为，也会被判为犯规。用拳面以外的地方击打对手不仅不会成为有效击打，反而还会被减分，所以要干净利落地打比赛。

● 手背打

用手背击打对方，也就是通常所说的"反手打"。

● 手心击打

用拳头内侧击打对手。

● 肘击

用肘部击打对手。也有选手的动作乍一看像是摆拳，但实际是偷偷使用肘击，要注意这样的选手。

● 击肾

击打对手后背的出拳。双方缠抱在一起时，向对手后背出拳时多半会击中对手的肾脏，因此击打对手后背的出拳都叫作击肾。

其他危险的动作

- ● 在裁判分开双方时进行追击
- ● 利用场边绳子进行攻击
- ● 按住对手的一只手臂进行攻击
- ● 下潜到腰线以下的攻击

不能向对手做出的动作

●抱臂

将对手手臂抱在怀中，完全封锁对手任何动作的行为。这种动作与缠抱有些类似，但缠抱仅是双方身体贴合以进行防守的一种战术。抱臂会封锁对手的所有动作，在拳击比赛中是被禁止的。

●推开

用手肘、肩膀、手臂等部位将对手推开是违反比赛规则的。

●摔投

摔投是犯规行为，多在双方缠抱在一起时发生。

●背逃

背对对手是犯规行为。有时选手会由于听到类似于敲钟的声音而以为比赛结束，从而背对对手。即使是非故意的情况，也要注意不要背对对手。

●踩脚

踩对手的脚背以妨碍对手动作的行为。所以即使是细微的步法也十分关键，要注意不要踩对手的脚。

拳击中不能做出的其他动作

- ●故意倒地
- ●反抗主裁判
- ●延误比赛

- ●全面防御
- ※用双臂护住头和身体的进行完全防御的姿态。由于姿势消极，因此会被判为犯规。
- ●违反体育精神的其他行为

绑手带的缠法

要了解自己拳头的形状，与手型相结合

缠绑手带的目的是保护拳头不受冲击。缠绑手带时，要考虑到绑手带的材质、厚度以及自己手的形状。出拳的时候容易痛的地方可以多缠几圈，比如拳面容易痛的人就可以在拳面多缠几圈，手腕容易痛的人就在手腕多缠几圈。

下面介绍了一种练习时常用的缠绑手带的方法。在职业比赛中，选手大多将绑手带与胶带一起使用，以使其更加牢固。

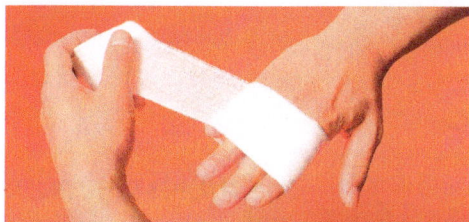

1 从食指到小指的部分，首先缠12~13圈（拳面容易疼痛的人可以缠15~16圈）。	**2** 缠完后，保持形状不变，将手指从绑手带中抽出。
3 拉出约20厘米的空余的绑手带。	**4** 将空余绑手带反向对折。
5 将对折的部分放在手背及虎口部位，并用拇指与食指夹住。之前缠绕的厚厚的部分放在拳面上。	**6** 再缠2圈用于加固，要保证绑手带不会滑落。

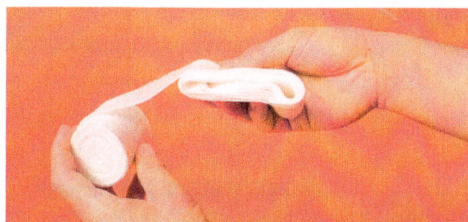

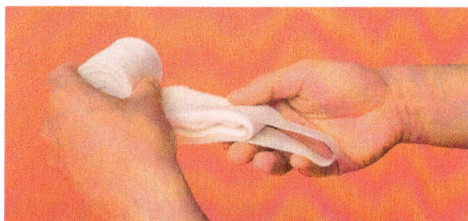

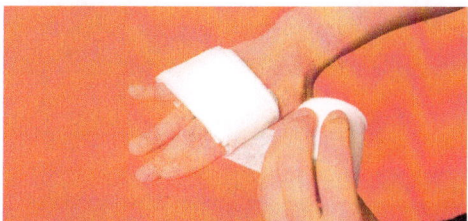

147

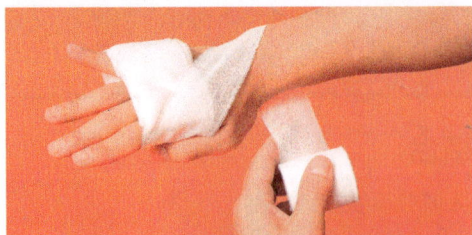

7 从拇指与食指之间拉出绑手带，并缠向手腕。

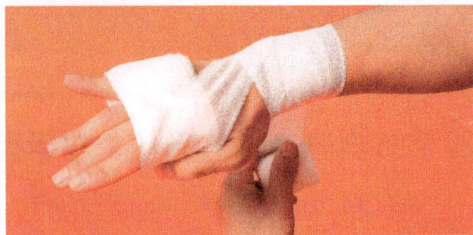

8 从手腕向手肘方向层层覆盖着缠绕约3圈。

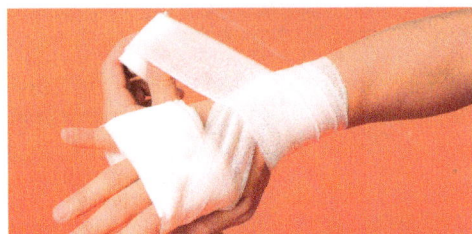

9 再从手肘向手腕方向缠绕约3圈。

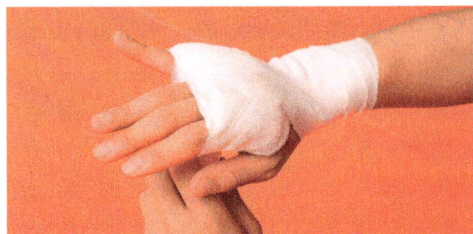

10 绑手带从小指及无名指之间穿过。

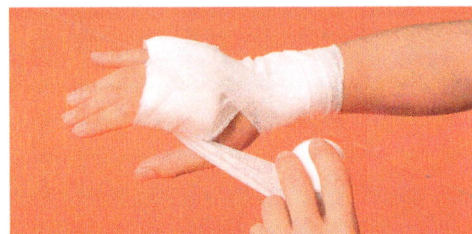

11 将绑手带从拇指与食指之间穿过。

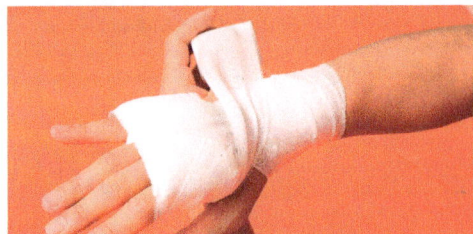

12 再围绕手腕缠绕一圈。

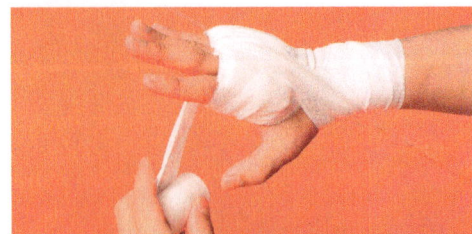

13 与之前的步骤相似，将绑手带从无名指与中指之间穿过，并围绕手腕缠绕一圈。

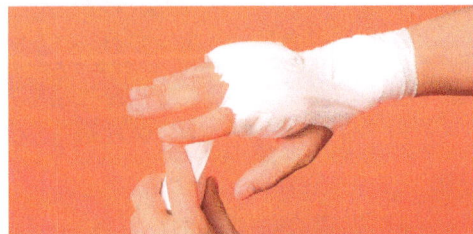

14 与之前的步骤相似，将绑手带从中指与食指之间穿过，并围绕手腕缠绕一圈。

15 从手腕向拇指与食指之间拉出绑手带，并绕拇指缠一圈。

16 再从拇指方向将绑手带拉向手腕，并围绕手腕缠3圈。

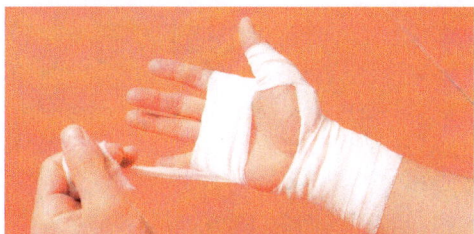

17 将剩余的绑手带随意缠好即可。在这里可将容易痛的部位再做强化。

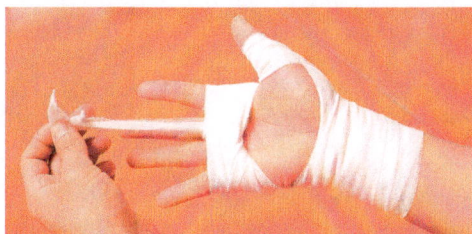

18 从手心将绑手带从下方拉出。

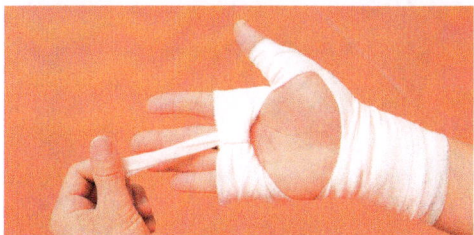

19 重复拉出并缠卷2次，使其不会滑动，再将多余的绑手带头部塞进去。

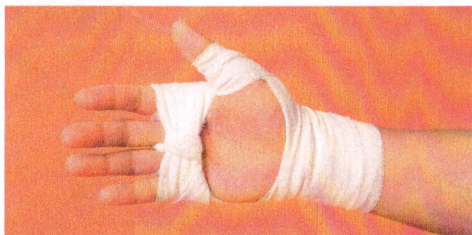

20 这样即完成单手的绑手带缠卷。要注意不能太松，应牢牢固定住手腕。

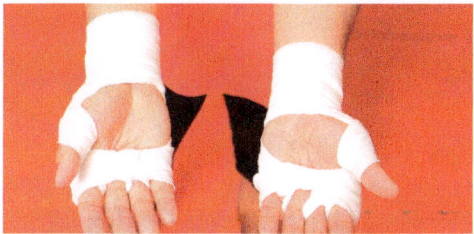

21 另一只手也是同样的缠法。

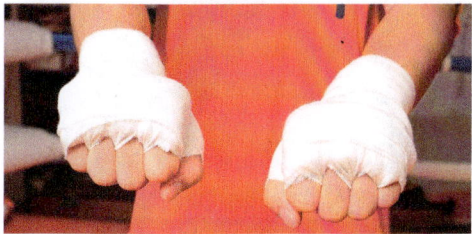

22 完成。要点是不能太松也不能太紧。太松容易滑落，太紧则容易影响血液流通。

后记

　　我15岁时去的拳馆特别小，拳台还是歪的。那里甚至连教练都没有，真的是一个空空如也的拳馆。但是，就算是在这样的环境里，我也抱有梦想。即使是不怎么好的条件，我也把这当作锻炼自己的机会，感谢有这样的条件。

　　要说为什么会这样想，还是因为我非常喜欢拳击。

　　拳击时常伴随着痛苦，并且需要拳手时刻保持自律。但是，如果觉得这些要求太严格了，就肯定没有办法坚持下去。

　　要想能够坚持下去，就要时刻保持着喜欢拳击的心。如果能一直喜欢拳击，那么就可以在拳击里找到梦想、实现梦想。

　　人就是为了实现梦想可以吃很多苦的生物，并且在吃苦的时候还会觉得很快乐。所以，一定要找到自己的梦想并努力实现它。请喜欢上拳击并坚持练习，这种热爱拳击的信念会让你越来越强。

宫田　博行

高度的自我认知使你
变得更强 ！！